꽃이 피는
그 산 아래
나는 서 있네

꽃이 피는
그 산 아래
나는 서 있네

김용택 지음

문학동네

■ 일러두기
- '김용택의 섬진강 이야기'는 1948년부터 2012년까지 섬진강 마을의 역사와 사람살이를 기록한 산문집이다. 마을 사람들의 정서와 언어를 훼손하지 않기 위해, 입말과 방언은 표준어로 고치지 않고 살려 썼으며, 지역명은 현 행정구역명과 다를 수 있다.
- 『꽃이 피는 그 산 아래 나는 서 있네』에는 저자와 출판사의 동의하에 『그리운 것들은 산 뒤에 있다』(창비, 1999)의 내용 일부가 재수록되어 있다.

서문

달빛으로 시를 쓸 때

이 책이,

섬진강 이야기의 마지막 책이다.

오래된 글들이다.

나도 낯설다.

내 몸과 내 생각이 자연과 섞어질 무렵이다.

어설프면서도 한편 따스한

온기가 있는 글들이다.

설익은 감이 거짓 없이 더 탱탱할 때가 있다.

달빛이 새어든 방에서

소쩍새 소리를 들으며

시를 쓰던 생각이 난다.
달빛으로도 충분히 시를 썼다.
달이 강을 건널 때
일으키는 물소리를 처음 들을 무렵이었다.
홀로, 서툰 생각들을
나는 다듬어왔다.
내 글은, 내 삶이 언제
강을 건너는 저 달과 강 같을까?

2013년 1월

김용택

차례

서문 _ 달빛으로 시를 쓸 때 ··· 005

제1부 ● 그 많던 새들과 뱀들은 어디로 갔을까

- 나는 바람이고, 산이고, 물이고 싶었네 ··· 013
- 이제는 사라진 길들에 대한 추억 ··· 016
- 나뭇짐 위에 진달래꽃 가지 ··· 028
- 소똥 ··· 037
- 푸르른 뽕나무들 ··· 041
- 덕치 조서방, 3년 묵은 술값 내놔 ··· 044
- 그 산이 거기 늘 있었다 ··· 047
- 딱새 ··· 051
- 개망초꽃 ··· 056
- 소쩍새가 우는 사연 ··· 063

- 뱀이 없어요 … 069
- 개미 … 076
- 우리도 잠 좀 자자 … 079
- 뭉게구름 … 082
- 짧은 생각들 … 086
- 빈 들에서 … 090

제2부 ● 사라져가는 작은 것들

- 저기, 나비 봐라 … 109
- 집 앞 미나리꽝 잠자리 … 115
- 섬뜩했던 송장메뚜기 … 117
- 이울양반 뽕알, 이울양반 뽕알 … 121
- 노린내가 지독한 노린재 … 124
- 딱정벌레들 … 126
- 도상아, 엎드려 … 129
- 사라져가는 것들 … 134

제3부 • 산과 바람과 강물 그리고 시

- 고운 산들이 거기 있었고 강도 거기 있었네 ⋯ 143
- 책을 따라다니며 글을 쓰다 ⋯ 147
- 봄이 오는 그 솔숲에서 쓴 시 한 편 ⋯ 163
- 길에서 ⋯ 169
- 푸른 보리밭에 배추장다리꽃 ⋯ 175
- 가을이다 ⋯ 177
- 저문 들길에 서서 ⋯ 181
- 농부 ⋯ 184
- 시인? 나는 시인인가? ⋯ 187
- 시가 된 편지들 ⋯ 196

제4부 • 사랑이 가장 아름다운 현실이다

- 봄이 오는 강가에서 ⋯ 205
- 내가 좋아하는 것들 ⋯ 209

- 저 풀꽃 앞과 뒤에 서 있는 당신 ⋯ 212
- 아내의 고향 마을, 아내의 어린 날들 ⋯ 217
- 아, 그리운 달빛으로 걷고 싶다 ⋯ 220
- 어디를 바라볼까 ⋯ 224
- 아으, 저 단풍 ⋯ 227
- 느티나무가 있는 가을풍경 ⋯ 230
- 산골짜기에서 만난 가을 논다랑이들 ⋯ 233
- 초겨울, 솔숲에서 ⋯ 237
- 눈 오는 날 버스를 타고 ⋯ 240
- 감나무 ― 아들에게 ⋯ 243
- 봄눈 ⋯ 252
- 딱새, 살구, 흰 구름, 아이들, 나 ⋯ 255
- 찔레꽃 핀 섬진강에 엎드려 씁니다 ⋯ 259
- 꽃이 피는 그 산 아래 나는 서 있네 ⋯ 268

제 1 부

― 그 많던 새들과 뱀들은 어디로 갔을까

나는 바람이고, 산이고,
물이고 싶었네

　내가 태어나고 자란 저 강변의 마른 풀잎과 저 강물에 어리는 나무 그림자들, 봄날과 가을날 아침의 찬 이슬방울과 빈 들녘의 하얀 서리들, 해 저물면 조용히 강으로 내려와 쉬던 산, 그리고 타는 봄날의 새소리와 꽃잎에 이는 바람 소리 들이 내 감성을 늘 메마르지 않도록 일깨워주었다.

　저 앞산의 몇 그루 등 굽은 소나무와 나와 함께 자란 어린 소나무들은 내가 진실 쪽에 서도록 늘 푸르름으로 나를 지켜주었다. 봄날의 푸르름뿐만 아니라 초가을날 황금색으로 물들던 솔잎과 흰 서리들은 세상 사는 일이 쉽지만은 않음을 보여주었고 세상으로 가는 길도 열어주었다.

 매운바람 휘몰아치는 캄캄한 밤, 앞산 뒷산 마른 가랑잎 스치는 소리에 나는 어둠 속에서도 결코 잠들지 않는 영혼을 얻을 수 있었고, 새로 온 봄밤의 그 빛나는 달빛들로 인해 사랑에 눈멀지 않고 새 눈을 뜰 수 있었다.

 저 크고 작은 산 아래 작은 마을들은 나를 늘 사람에게 가까이 가도록 사람 쪽으로 끌어당겼다. 거기, 마을에는 우리 어머니가 계시고, 아름답게 세상을 살다 가신 농사꾼인 아버지의 무덤이 뒷산에 있다. 그리고 사람들이 있다. 나무와 풀과 곡식과 밤하늘의 달과 별들이 있다. 그리고 내가 평생을 같이할 아이들이 있었다. 아, 그 아름다운 아이들의 해맑은 얼굴. 그 마을에 나의 모든 것이 있었다. 내가 원하면 그 마을은 모든 것을 나에게 주었다. 사람의 마을, 그 마을이 내게 큰 영광을 주었다.

 그 모든 것은 누구에게나 쉽게 주어지는 흔한 것이 아니다. 그것은 내게 행운이었고 내 인생은 참으로 복된 인생이었다. 나는 나를 사랑했고 세상을 사랑했다. 세상은 내게 시와 아름다운 자연과 아이들을 주었으니, 나는 세상에 나를 주고 싶었다. 내 손엔 늘 아무

것도 없었고 내 마음에 그 어떤 것도 간직하려 하지 않았다.

나는 시인이었다. 나는 사람이고 싶었다. 나는 그냥 강가 풀잎이고 싶었다. 그냥 바람이고, 산이고, 흐르는 물이고 싶었다.

이제는 사라진 길들에 대한 추억

나는 중학교를 순창으로 다녔다. 우리 집에서는 임실읍에 있는 중학교보다 순창읍에 있는 중학교가 훨씬 가까웠고, 또 사촌형들이 순창에서 학교를 다녔기 때문에 자연스럽게 순창으로 중학교를 가게 되었다.

집에서 중학교까지는 상당히 멀어서 우리는 순창에서 자취를 했다. 토요일이면 빈 쌀자루와 김치단지를 가지고 와서 일요일 오후에 일주일 동안 먹을 쌀과 김치를 가져갔다. 어떤 때는 차비가 없어 순창에서 김치단지를 들고 걸어오기도 했다. 4교시가 끝나고 집에까지 걸어오면 해가 꼴딱 넘어갔다. 먼 자갈길이었다. 한번은 겨울에 걸어오다가, 순창을 나설 때는 멀쩡하던 날씨가 임실로 오는 갈재를 넘으니 눈이 엄청 쏟아져 하마터면 눈에 파묻혀 죽을 뻔한 적이 있다. 마침 지나가던 친척 어른이 허기진 배를 움켜쥐고 쭈그려 앉은 나를 보고는 기겁을 해서 내 뺨을 때려 보내준 적도 있었다.

순창에서 집으로 오는 길은 외길이었지만 순창과 임실 경계인 갈재를 넘으면 산으로 가는 지름길이 있었다. 지름길인 그 가파른 산길로 큰 재를 넘어가다보면 공동 산이라는 공동묘지가 나오는데 6·25 때 죽은 이름 없는 빨치산들을 묻어둔 응달진 솔밭이었다. 비라도 부슬부슬 내리면 생각만 해도 몸이 오싹거리는 곳이었다. 또 그 재를 넘으면 큰 소나무 한 그루가 서 있는데, 어떤 여자가 흰옷을 입고 그 소나무에 목매달아 죽었다는 이야기가 있어 그 지름길은 너무 무서웠다. 그래도 우리는 순창에서 걸어올 때는 그 길을 이용했다.

어느 날 나는 여느 때처럼 일요일 늦게 집을 나섰다. 물론 쌀과 김치단지를 어깨에 메고 말이다. 그날은 벼 베기를 했기 때문에 다른 날보다 조금 더 늦어졌다. 나는 순창 가는 버스를 탔다. 김치단지를 가지고 차를 타면 김치 냄새가 솔솔 나거나 김칫국물이 새어나와 늘 조마조마하고 차에서 내릴 때까지 조금도 맘이 놓이질 않았다. 김치단지가 넘어져서 깨지는 경우도 있었다.

그날은 광주 직행이었다. 여차장이 갈재에 다다라서야 차비를 받았다. 어머니가 순창에 갈 차비만 주었는데 완행이 아니고 직행이어서 차비가 조금 모자랐다. 저녁 7시 차였다. 차비가 모자란다고 했더니 그냥 내리라고 했다. 나는 뜨거운 낯을 주체하지 못하다가 김치단지와 쌀자루를 가지고 갈재에서 내렸다. 완행으로 다음 차를 타겠다는 생각이었다. 그러나 한참을 기다려도 차는 오지 않았다. 날은 어둑어둑해지고 있었다. 갈재에서 훤히 터진 순창 쪽을 바라보니 저 멀리 마을에서 불빛들이 하나둘 살아나고 있었다. 어둑어둑 서서 차를 기다리니 갈재 마을에 사는 어떤 분이 지나가며 이제 차가 없다고 했다. 그 차가 막차였던 것이다. 나는 너무 난감했다. 집으로 걸어갈까도 생각했지만 십 리가 넘는 길인데다 그 길이 너무 무서웠다. 이대로 집에 들어가면 어머니가 결코 반기지 않으리라는 생각도 들었다. 나는 김치단지를 단단히 단도리하고 쌀자루를 야무지게 어깨에 들쳐메었다. 순창까지 걷기로 작심을 했던 것이다.

순창까지의 길은 훤히 보였다. 순창 읍내의 불빛이 가물가물 보였고 길가에 마을의 불빛들이 점점이 박혀 있었다. 그래, 저 불빛을 위안 삼아 무서움을 떨치고 걷자며 나는 순창읍으로 향했다. 삼십 리 밤길이었다. 굽이굽이 신작로 길은 뽀얗게 내 앞에 놓여 있었다.

나는 갈재 아랫마을인 탑리 마을의 불빛을 보며 한 발 한 발 걸었다. 어둠이 물러가고 자꾸 길이 나타났다. 얼마만큼 캄캄한 길을 가니 외양마을이었다. 외양을 지나면 쌍암리가 나오고, 쌍암리 조금 지나면 팔학동이 나왔다. 팔학동을 지나면 인계면 소재지이고, 인계면 소재지를 지나면 복실리가 나오고, 복실리를 지나면 새터가 나오고, 그리고 읍내였다. 십 리쯤 걸어가니 자신이 생기면서 땀이 나고 발걸음이 힘차졌다. 발을 뗄 때마다 자갈들이 발길에 차이고 자갈을 잘못 밟아 몸이 기우뚱거리기도 했다. 아무 생각 없이 걷다 보면 타박타박 하는 발소리와 자갈 부딪치는 소리만 들렸다. 그렇구나, 이렇게 캄캄한 밤 먼 길을 이렇게 불빛들을 위안 삼아 어디든 갈 수도 있구나. 나는 참 많은 생각을 하며 걸었다. 차창이 밉기도 했다. 지금도 나는 그 마을들의 불빛과 자갈 소리와 밤하늘의 별빛을 잊을 수 없다.

순창 자췻집에는 10시에 도착했다. 세 시간쯤 걸린 것이다. 집에다 가서 내가 걸어온 길을 뒤돌아보았다. 희미한 길이 이어지다가 어디에선가 슬며시 사라지고 어둠뿐이었다. 캄캄한 어둠이 저쪽에 있었다.

나는 이따금 내가 자취하던 마을 뒷동산에 올라가 그 길을 보곤 했다. 순창읍에서 갈재까지의 길이 굽이굽이 하얗게 보였다. 눈에 보이는데도 먼 길이었다.

나는 초등학교를 졸업할 때까지 우리 동네 이외엔 순창군 구림면 율북리와 우리 동네 이웃인 강진면밖에 가보지 못했다. 초등학교를 졸업하고 순창으로 중학교 시험을 보러 갔을 때 읍 단위 이상 지역을 처음 가본 것이다.

외갓집 가는 길은 우리 마을 뒷산을 넘고 또하나의 산을 넘어야 했다. 어머니는 꼭 떡을 해서 이고 가셨다. 동생을 업고 내 손을 잡고 이십여 리 길을 걸었다. 초등학교 때 몇 번 갈담 장에 걸어갔다. 먼 길이었다. 늘 갈담 아이들이 무서웠다. 그리고 그 이상 다른 곳은 가보지 못했다.

학교 가는 길은 강변길과 이웃 마을을 지나 낮은 시멘트 다리를 건너가는 길, 이웃 마을 중간쯤에서 들길을 지나 징검다리를 건너는 세 개의 길이 있었다.

우리는 주로 강변길을 이용했다. 강변길로 다니는 것은 늘 재미있었다. 우리는 강변길을 가다가 작고 예쁜 솔밭에서 토끼몰이를 하고 산딸기도 따먹고 아그배나무, 포리똥나무(보리수) 열매들을 따먹었다. 작은 솔밭 밑에는 가랑나무와 작은 바위들이 많았다. 바위틈엔 철쭉꽃과 산도라지꽃이 많이 피었다. 솔밭이 끝나면 커다란 호수가 나온다. 호수에는 늘 부들풀이 크게 자라고 군데군데 낚시터가 있었다. 그 호수엔 조개가 많았고 용 못 된 이무기의 전설이 있었다. 호숫가 풀숲에는 늘 가물치가 물살을 일으키며 뛰놀았고 봄이면 자라가 호숫가 모래밭으로 알을 낳으러 왔다가 엉금엉금 기어 호수에 툼벙 빠지곤 했다. 봄에서 가을까지 수염 허연 할아버지가

부들로 초막을 짓고 낚시를 하며 살았으며, 호수 앞쪽에는 유방을 닮은 작은 산이 있다. 그 산에 진달래가 피고 꿩이 날아갔으며 산토끼가 숨었다. 대추벌이라는 말벌집이 축구공만하게 산꼭대기 바위틈에 달려 있어서 우린 늘 그 말벌집에 돌멩이를 던졌지만 잘 맞지 않았다.

겨울에 이 호수가 얼면 우리는 어른들의 말을 무시하고 얼음에서 놀았다. 살얼음 위에 돌멩이를 던졌을 때 돌멩이가 얼음 위를 굴러가면서 내는 그 맑고 고운 소리를 우리는 좋아했다. 얼음이 두껍게 얼면 머리통만한 돌로 얼음을 깨고 그 두께를 확인해보기도 했는데 큰 돌멩이를 던지면 '쩡저렁' 하고 앞산이 울리곤 했다. 얼음이 얼고 눈이 하얗게 쌓여 있을 때 돌을 던지면 돌 굴러간 자국이 토끼 발자국처럼 선명히 박혔다.

하굣길에는 작은 웅덩이를 품어 가물치, 붕어, 조개 등을 잡기도 했다. 그 호숫가는 모래가 많고 모래밭엔 아그배나무나 보리수나무가 많았는데 큰물이 지고 난 후 그 나무 밑엔 두름두름 엮인 총알들이 걸려 있곤 했다.

여름철이면 호수 깊은 곳에서 솟아올라온 개연꽃이 노랗게 피어 호수에 어리곤 했다. 호숫가를 지나는 길엔 늘 풀이 우북하게 자라 있었는데 달맞이꽃, 개망초꽃이 많이도 피어났다. 길섶에 나 있는 수크렁이란 질긴 풀을 묶어놓으면 발이 걸려 넘어지기도 했고, 삽을 가지고 학교에 간 날은 길목에 꼭 구덩이를 파고 은폐해놓아 아이들이 멋모르고 지나다가 푹 빠져 넘어지게 하는 장난을 치기도 했다. 호숫가에는 또 삐비가 많아서 그 꽃이 하얗게 바람에 나부꼈고, 가을철이면 메추리가 발밑에서 푸드덕 날아 우리들을 화들짝 놀래키곤 했다. 호숫가 얕은 곳엔 뜸부기가 살았다. 호숫가의 작은 산은 그 주위에 사는 작은 새들의 집이고 피난처였다. 그 산 아래엔 조팝나무꽃과 철쭉꽃이 피고 졌다.

호수를 지나면 시냇가가 나왔다. 그 시내에도 징검다리가 놓여 있었다. 징검돌이 상당히 여러 개 놓여 있었는데 큰물이 지고 나면 꼭 이 빠진 것처럼 드문드문 돌들이 떠내려가곤 했다. 물이 불면 아이들은 위쪽에 있는 또다른 징검다리를 이용했고 거기도 넘으면 시멘트다리로 건넜다. 겨울철에 물이 튀어올라 징검돌에 얼음이 얼어 있으면 모래를 뿌리고 엉금엉금 기어갔다. 여름철 물이 불면 동생을 업고 건너다가 징검다리 중간쯤에서 신발을 떨어뜨려 엉엉 울기도 했다.

강변길은 이따금 동네 어른들이 공동으로 풀을 베어 학교 오가는 길에 우리의 신이나 바짓가랑이가 이슬에 젖지 않도록 해주었다.

징검다리가 넘을 만큼 비가 많이 오면 우린 미리 짐작하고 이웃 마을 앞을 지나고 중원 마을을 지나 시멘트다리를 건너 학교에 갔다. 어찌된 영문인지 이 다리는 활등을 땅에 대놓은 것처럼 안으로 굽어 있었다. 그래서 비가 많이 오면 이 다리가 넘어, 차도 사람도 오도 가도 못했다. 순창과 전주를 잇는 이 다리를 놓은 사람은 감옥에 갔다고 했다. 차가 비탈진 다리를 지나다가 아래로 떨어져 사람이 죽은 적이 있다고 했다. 사고가 날 때마다 사람들은 그 다리를 놓은 놈을 감옥에 오래오래 가둬야 한다고들 했다. 우리는 사고가 난 현장을 여러 번 보았다.

비가 많이 내린 어느 날 아침이었다. 우리는 그날도 그놈의 다리가 빗물에 넘쳐 우리가 학교에 가는 것을 방해하기를 빌면서 집을 나섰다. 느티나무를 지나 이웃 마을을 지나 들길을 지나 신작로를 걸어 한참을 가니 물소리가 크게 들리고 일중리 앞산에 평소에 보이지 않던 큰 폭포가 생겨 하얗게 떨어지고 있었다. 그러면 그렇지. 우리는 쾌재를 부르며 다리에 다다랐다. 원하고 빌고 빈 대로 다리는 넘쳐 있었다. 옷을 걷어붙이고 조심조심 건널 수 있을 정도가 아니라 다리가 전혀 보이지 않을 정도로 물은 엄청나게 불어 있었다. 우리는 학교에 가지 못한 기쁨을 감추지 않았고 때론 학교에 못 가 매우 아쉽다는 표정도 지으며 강가에 서서 놀고 있었다. 그때였다. 강 저쪽에 직행버스 한 대가 와 멎더니 일중리 사람들이 손수 만든 한지 뭉치를 차에 싣고 있었다. 그날이 순창 장날이었던 것이다. 차가 다리 입구까지 와서 멈추더니 운전사도 여차장도 내리고 승객들도 내려 강가에 서서 무슨 말들을 열심히 주고받는 것이었다. 강물

속의 다리를 가리키며 가야 한다느니 못 간다느니 하고 있는 모양이었다. 우리는 집에 돌아갈 생각도 않고 매우 흥미진진한 경기를 기다리는 마음으로 그쪽을 바라보고 있었다. 우리는 마음속에서부터 저 차가 물을 건너오기를 기다렸다. 오다가 어떻게 되든지 말든지.

꽤 시간이 지난 뒤 드디어 강 저쪽 사람들이 버스에 오르기 시작했다. 우린 긴장되기 시작했다. 저 차가 물을 건너올 것인가. 사실 그동안 물도 좀 줄어들어 다리가 희미하게 보였다. 차가 서서히 다리로 들어섰다. 바퀴가 넘을 정도였다. 어? 어? 우린 아연 긴장했다. 차가 다리 오른쪽으로 굴러왔다. 난간도 없고 어찌나 좁은지 차가 지나가면 사람은 다리 가장자리에 서 있지 못할 정도였다. 그러니까 조금만 핸들을 잘못 틀었다가는 다리 밑으로 빠지고 마는데, 이 운전사는 어찌된 영문인지 자꾸 핸들을 강 아래쪽으로 틀고 있었다. 우린 겁이 났다. 우린 고함을 지르며 "위로, 위로, 강 위쪽으로" 손짓들을 했다. 안 돼! 안 돼! 차가 다리 아래로 비스듬히 빠지더니 순식간에 모로 눕고 말았다. 아, 우린 발을 구르며 아우성을 쳤다. 코가 툭 튀어나온 코빵빵이 버스가 다리를 건너 올라가다가 힘이 부쳐 부릉부릉거리다 시동이 꺼지면 조수가 재빨리 뛰쳐나와 뒷바퀴에 큰 돌을 받치던 시절, 그 허술한 다리를 건너 우린 학교엘 갔다. 비가 오면 생각나는 그 다리.

학교 가는 또하나의 길은 이웃 마을 중간쯤 가다가 봇도랑을 따라 들을 질러 징검다리를 건너는 길이었다. 자주 이용하지 않는 길이었다. 봄보리가 우리 키만큼 파랗게 자라 익으면 우리는 모가지를 따서 손바닥으로 비벼 먹었다. 벼가 파랗게 자라서 누렇게 익으면 우리는 길을 가며 벼알을 따 입으로 까먹었다. 보리가 익을 때나 벼가 익을 때 늘 선생님께 꾸지람과 주의를 들었고 때론 호되게 기합을 받기도 했다. 그리고 내가 선생이 되어 또 그렇게 아이들을 호되게 혼내거나 기합을 주기도 했던 길이었다. 작은 봇도랑물이 졸졸졸 흘러 논으로 들어가고, 물꼬에서 쫄쫄쫄 물이 떨어지던 길이었다. 안개 속에 사람들이 모내기를 하고 못밥을 먹던 길, 자운영꽃이 논두렁에 붉게 피고 작은 봇도랑물을 따라 새끼붕어들이 올라오던 길이었다. 해 질 녘에 아름답던 여름의 그 작은 들과 가을 황금들판, 겨울철 눈 위로 파랗게 솟아 있는 보릿잎들. 나는 이 길에서 시를 생각했다. 맵고 추운 겨울날 볏짚가리에서 눈보라를 피했던 길이었다.

그리고 또하나의 길. 징검다리와 시멘트 다리 중간의 물레방앗간 앞으로 나 있는 길. 그 길도 징검다리였다. 그 징검다리를 건너면 아주 맑은 옹달샘이 있었다. 들에서 일하는 사람들의 목마름을 적셔주는 샘이었다. 그 샘을 지나면 작은 도랑이 들 가운데로 흘렀는데 사람들은 그 물가에 집을 짓고 한지를 만들었다.

내가 어렸을 때부터 다니던 강변길은 이제 많이 변했다. 나는 강변길에 앉아 시 한 편을 썼는데 그게 「논」이라는 시였다. 어느 초여름 나는 징검다리 위로 물이 넘쳐 신과 양말을 벗고 건넜다. 그리고 들에 삽 들고 계시는 아버지를 생각하며 신발을 벗은 채 앉아 그 시를 썼다.

초등학교 다닐 때는 동무들과 동생들과 형들이랑 걸어다니며 감 따먹고 무 뽑아먹고 고구마 캐먹고 오이 따먹다가 혼나기도 했던 길을 내가 선생이 되어 아이들과 걸어다녔다.

해가 가고 달이 가며 길이 변한 것처럼 아이들이 점점 줄어들더니 3년 전에 나는 주성이와 둘이서 이 길을 걸었고 주성이마저 졸업하자 나 혼자 몇 번 걷다가 그만두어야 했다. 지난해(1996), 마침내 이 들을 경지정리하는 바람에 이 길들이 다 사라져버린데다 나는 자동차를 갖게 됐다. 길은 사라지고 도로만 남았다.

주성이마저 덕치초등학교를 졸업한 그해 3월 2일, 나는 유리창에 이마를 대고 강변길을, 내가 마흔 몇 해 동안 걸어다닌 길들을 생각하며 서러워 울었다. 나는 무엇인가 뚝 끊어지는 절망감에 몸서리쳤다. 마을과 나를 잇는 그 길들이 뚝 끊어지는 아득함을 맛보았던 것이다.

이제는 세상에 없는 정답던 그 길에서 나는 보았다. 농부와 소, 새와 나비와 온갖 꽃과 토끼와 노루 들, 동무들과 맑은 강물과 호수

위를 나는 한 쌍의 흰나비 그림자. 강물에 어리던 진달래꽃과 붉은 단풍나무 잎, 깊은 물속에서 솟아나 핀 개연꽃, 호숫가 뽕나무 밑에서 툼벙 물로 빠지는 가물치와 자라 들.

내가 고등학교를 졸업하고 오리를 기르다가 망해서 도망가던 날, 강변에 매운바람 불던 2월 어느 날 바람에 쓰러지고 일어서던 강변의 마른 풀잎들 사이로 어머니는 나를 부르며 달려오셔서 솔풀같이 마른 손으로 내 손에 2천 원 지폐를 꼭 쥐여주셨다. 돌아서서 바람 속을 뛰다가 뒤돌아보면 마른 풀잎같이 서 계시던 어머니, 그리고 춥디춥던 외로움. 나는 그 길에서 자랐다.

나뭇짐 위에
진달래꽃 가지

나무꾼에 얽힌 이야기는 '나무꾼과 선녀' '나무꾼과 포수' 등 많기도 하다. 그만큼 나무꾼이나 나무가 살림살이와 밀접한 관계가 있기 때문일 것이다. 아무리 가난한 집이라도 지난 시절엔 모두 나무를 쌓아두는 '나무청'이 있었다. "나무가 없을수록 장작을 때라"라든가 "양식 없다 부엉 나무 없다 부엉" 등의 옛말이나 옛 노래도 나무가 그만큼 중요해서였을 것이다.

지금도 시골에 나무로 불을 때서 밥을 해먹는 사람이 있겠지만 거개의 집들은 이제 나무로 밥하고 국 끓이고 떡 하는 일이 없어졌다.

이제 진메 마을에 나무해서 밥해먹는 집은 한 집도 없다. 이제 집 집마다 부석짝(아궁이)이 없어지고 모두 입식 부엌에다 가스로 연료를 삼고 난방은 석유보일러로 하게 되었다. 옛날의 마루나 광방이 없어져버리고 느닷없이 썰렁한 알루미늄 창문이 자리를 잡았다. 예쁜 창호지 문은 사라지고 유리창이 달렸으며 눈이 왔는지 비가 오는지도 이제는 문을 열거나 문틈으로 볼 것 없이 커튼만 걷으면 된다. 방 안에서 손가락으로 스위치만 살짝 돌리면 방바닥이 따뜻해질 줄 누가 알았겠는가. 지금은 손 안 대고도 얼마든지 코를 풀 수 있는 세상이 된 것이다.

70년대까지 시골의 연료는 모두 나무였다. 산에 나무나 풀이 나무꾼에 의해 남아나지 못했다. 봄에서 가을까지 자란 나무나 풀은 겨울에 어김없이 땔감으로 베어져 아궁이로 들어갔다. 시커먼 아궁이가 저 앞산 뒷산 나무와 풀을 다 잡아먹고 입만 쩍 벌리고 있었던 것이다.

땔감의 종류는 많다. 겨울철이나 이른 봄에 나무를 여유 있게 해놓지 못한 집에서는 여름에 보릿대를 때는데 불꽃은 그리 싸지 않다. 겨울철에 짚을 때는 집도 있지만 진메 마을에서는 극히 드문 일이고 아마 큰 들녘에서나 있는 일일 것이다.

왕겨도 땔감으로 사용했다. 대개 작은 풍로를 사용해 불을 땠는데 풍로의 바람구멍 위에 불쏘시개를 놓고 그 위에 왕겨를 수북이 쌓아놓고 불쏘시개에 불을 붙여 풍로를 서서히 돌려가면서 왕겨를 조금씩 뿌리면 된다. 왕겨로는 군불을 많이 땠다. 어느 해던가 우리 집에서 부엌 아궁이에 왕겨를 가득 넣고 풍로로 바람을 불어넣었는데도 불이 붙지 않아 있는 힘을 다해 풍로를 돌렸더니 갑자기 아궁이 속에서 불이 붙어 펑 소리가 나며 불길이 아궁이 밖으로 확 나오는 바람에 내 눈썹이랑 앞머리가 다 그슬린 기억이 난다.

땔감으로 제일 좋은 나무는 뭐니뭐니해도 장작이다. 그중에도 소나무 장작이 으뜸인데 그 장작을 패서 마루 밑이나 헛간에 가지런히 쌓아두면 무척 풍요로워 보였다. 아버지는 욕심이 많아서 남 못지않게 장작을 많이 패서 보기 좋게 쌓아두고 아껴가면서 때곤 하셨다.

6·25 때 우리 동네는 한 집도 남지 않고 모두 타버렸다. 장작은 6·25가 끝나고 우리 동네에 산판이 시작되어 끝날 때까지 있었지만 산에 소나무들이 모두 베어지고 난 후에는 장작이 사라져버렸다.

장작이 사라지자 사람들은 다른 땔감을 찾았는데 그중 제일 좋은 게 '싸잽이'였다. 싸잽이는 일 년 동안 자란 잡목이나 풀을 싸잡아 베어 묶은 것인데 불 때기도 좋았고 잘 마르지 않아도 되었다. 싸잽이는 네 다발이 한 짐이었다. 그다음으로 치는 것이 '풋나무'다. 풋나무는 '풀나무'라고도 하는데 나무를 잘하지 못하는 아낙네들이나 애기지게를 지는 아이들의 몫이었다. 묶기도 쉽고 가볍기 때문에 일이 수월했던 것이다. 강변에서 이런 풋나무를 많이들 했다.

그다음은 1, 2년생 정도의 잡목을 낫으로 베어 네 다발씩 묶은 것이다. 이 나무는 청년 이상이 되어야 했다. 이 나무를 가장 솜씨 있게 하는 분은 길홍이 당숙이었는데 사람들이 감자 먹고 똥 싼 것처럼 매끈하다고 했다. 이 나무를 제일 헤싱헤싱하게 한 분은 얌쇠 양반과 병재였다.

그다음 아직 장작감이 못 되는 '동대'라는 나무가 있다. 팔뚝만한 크기의 나무를 2미터 정도의 길이로 잘라서 짊어졌다. 장작이라고 하기엔 너무 작고 싸잽이라고 하기엔 너무 컸다. 이 나무는 깊고 높은 산에 가야 있어서 아무나 할 수 없었다.

우리 동네에서 유명한 땔나무는 '닥채'였다. 닥채는 껍질을 벗겨낸 닥나무의 노란 가지였는데 이 나무야말로 가장 고급스러운 것이어서 닥무지(닥나무를 삶는 일)가 있는 날, 닥나무 껍질을 벗기려고 온 동네가 야단법석이었다. 김이 무럭무럭 나는 닥무지에서 닥나무를 꺼내면 서로 한 다발이라도 더 맡으려고 생난리였던 것이다. 거의 날마다 쌈이 났으며 악을 쓰고 의가 상하는 일도 많았다. 닥채는 떡을 하거나 여름에 못밥을 하거나 찰밥을 할 때 땔감으로 쓰였으며, 베를 짤 때 도투마리(실을 감는 기구)에 실을 감는 데도 쓰였고, 새집 지붕을 이는 데도 쓰였으며 집을 지을 때 흙 바르는 벽에 엮기도 했다. 불땀이 좋고 여러 곳에 쓰이니, 서로 한 다발이라도 더 차지하려고 싸움이 벌어지곤 했던 것이다. 껍질은 주인이 가져가고 닥채는 벗긴 사람의 몫이었다.

닥채 다발을 묶어 바람이 세게 불어오는 북쪽에다 쪼르르 세워놓으면 방풍막도 되었다. 닥채 다발은 내가 순창에서 중고등학교 다닐 때 유일한 땔감이었다. 봄철이 되면 아버지는 닥채 다발을 우차 가득 싣고 순창까지 40리 자갈길을 오셨다. 이 닥채 서너 개만 가지면 밥 한 끼를 거뜬히 해냈다. 여름엔 좋은데 겨울철엔 방이 얼음장이었다. 아, 그 시꺼먼 양은솥단지, 눈보라 몰아치는 부엌, 썰렁한 밥, 신김치단지. 나는 중고등학교 6년을 그렇게 그 닥채로 밥을 해 먹었다.

나무 중에 가장 때기 좋은 것은 가리나무다. 가리나무는 솔잎 떨어진 것인데, 소나무 밑에서 갈퀴로 긁었다. 불 때기도 좋고 불땀도 그만이었다. 하지만 이 솔가리는 구하기가 쉽지 않았다. 그때만 해도 소나무가 거의 없었기에 솔가리는 아주 귀해서 부잣집이나 읍내에서 주로 사용했다. 순창 사람들은 40리 길을 걸어 갈재까지 이 나무를 하러 다녔다.

또 밤나무 잎을 긁어모아 때기도 했다. 밤나무 잎은 금세 타버리는 게 단점이지만 그래도 땔나무가 귀한 곳에선 좋은 땔감이었다. 이 밤나무 잎을 긁어 깍짓동을 만들어 지고 강을 건너던 아버지는 어느 날 바람이 세게 불어 강물에 이 나뭇짐과 함께 쓰러진 적이 있었다. 바람 부는 날 사람들이 이 나뭇짐을 지고 징검다리로 강을 건너다 가만히 서 있는 모습들이 너무도 눈에 선하다. 바람을 잘못 타서 나뭇짐과 함께 강물에 더러 빠지기도 했을 뿐 아니라 고추를 지고 오다 빠져서 강물에 벌겋게 고추가 떠가기도 했다.

밤나무 잎을 부엌에다 갖다놓고 때다 불이 날 뻔한 적이 한두 번이 아니었다. 하루는 내가 늦게 학교에서 돌아와보니 부엌바닥이 축축하게 젖어 있었다. 사연인즉, 어머니가 군불을 때다가 바로 뒷집인 작은 집으로 물을 길으러 갔단다. 마침 작은어머니가 계셔서 물동이를 인 채 무슨 이야기를 하다 그만 깜빡 군불을 때다 온 것을 잊어버리신 것이었다. 한참 후 물을 이고 와서 부엌에 가보니, '어머나떠머나' 아궁이의 불길이 차츰차츰 부엌바닥에 놓인 알밤나무 잎으로 옮겨붙고 나무 헛청까지 다가가 붙었더란다. 겁이 난 어머니는 엉겁결에 머리에 이고 있던 물동이의 물을 그냥 부엌에 부어버렸단다. 다행히 불이 그리 많이 붙지 않아 금방 꺼졌기에 망정이지, 지금도 그때 생각만 하면 가슴이 덜컹 내려앉는다고 하신다.

나무들이 산에서 다 동이 나자 사람들은 찔레나무나 꾸지나무 등 가시 달린 나무까지 해댔다. 가시가 달린 나무를 할 때는 왼손에 가죽으로 장갑을 만들어 끼었다. 축구공 찢어진 것이 아주 안성맞춤이었는데 나중에는 갈담 장에서 가죽으로 된 왼손 장갑 한 짝만 팔기까지 했다. 그후 동네 사람들도 점점 도시로 떠나버리고 산에 사방砂防 공사가 잘되어 나무가 커져 숲이 우거지게 되었다. 그리고 연탄을 때기 시작하고 석유곤로가 들어오게 되면서 나무꾼이 사라져서 이제 '나무꾼과 선녀' 이야기는 그야말로 전설 중의 전설이 된 것이다.

나무를 많이 해서 땔 때 제일 무서운 게 산림계 직원이었다. 산림계 직원은 세무서 직원과 함께 쌍벽을 이루며 농민들에게 공포의 대상이 되었다. 산림계 직원이 어느 집에 들어간들 나무로 불을 때는 농촌 사람들의 꼬투리가 안 잡히겠는가. 그러나 실제로 진메 마을에서 산림계 직원에게 걸려 벌금 내거나 밀주 해먹다 들켜 벌금 낸 적은 없었다. 세무서 직원이나 산림계 직원이 오면 이장네 집에서 닭 삶는 냄새가 진동했다. 씨암탉 잡아 말 그대로 '푹 삶으면' 다 해결되었다.

나무 중에서 제일 하기 쉬운 게 바작나무(바작에다 하는 나무)였다. 용식이, 나, 복두, 용조 형은 유난히 이 나무하기를 좋아했다. 방학이 되면 공부고 뭐고 다 뒷전이고 날 좋으면 무조건 지게에다 바작 얹고 도끼 짊어지고 산이나 가까운 밭가로 나무를 하러 갔다. 용식이나 나는 싸잽이를 하기가 힘들었다. 나무를 해서 다발 묶기도 여간 힘든 게 아니었고 또 짊어지기도 힘이 들었다. 상당히 이력이 붙어야 나무 다발을 솜씨 있게 묶어 허물어지지 않게 짊어질 수 있었다.

바작나무는 오래전에 베어간 나무 밑동(등걸)을 도끼로 패서 하는 나무였다. 베어간 지 오래된 나무 밑동을 도끼로 패면 뭉텅뭉텅 장작처럼 떨어졌다. 이 등걸을 바작 가득 담아다가 마루 밑에 쌓는 재미가 여간 아니었다. 마루 밑에 가득 쌓아두고 쇠죽 끓이거나 군불 땔 때 사용했다.

이제 나무꾼도 사라졌다. 우리 동네 나무를 하는 집은 지금 태환이 형네뿐이다. 그 집 굴뚝에선 지금도 밥할 때 연기가 난다. 쇠죽을 끓일 땐 다른 집들도 물론 나무를 땐다. 점심때가 되면 구불구불 실낱같은 산길을 줄줄이 내려오던 긴 행렬의 나무꾼들. 징검다리에 모여 웃통을 벗어부치고 땀을 씻던 그 건장한 청년들 어깨 위의 짚자국. 엎드려 벌컥벌컥 들이켜던 그 다디단 강물은 이제 없다.

봄철이면 진달래꽃 가지를 꺾어 나뭇짐에 꽂고 산길을 줄줄이 내려오던 나무꾼은 사라졌지만, 그래도 봄산엔 소쩍새 울고 진달래 핀다. 아이들 키보다 작은 다복솔 위로 폴짝폴짝 뛰어 도망가던 토끼나 겅중겅중 뛰어 달아나던 노루는 이제 보이지 않는다. 아침이 되어도 저녁이 되어도 연기가 오르지 않는 적막한 저물녘 마을을 보면 서럽다. 나뭇짐 부리고 부엌에 달려가 바가지에 떠 마시던 찬물이 생각난다. 쇠죽솥 아궁이 가득 벌겋게 장작불이 타고 솥에서 무럭무럭 김이 나고 아이들이 그 아궁이에 고구마를 구워먹었지. 그 아궁이들이 꽉꽉 막히고 사라지고, 집 어디선가는 펑 하고 석유

보일러 돌아가는 소리가 들리고 퍼런 불이 나오는 가스레인지에서 밥이 끓어 치치치 김을 뿜는다. 세상이 엄청나게 변해버린 것이다.
 어제 일만 같은 저 추억의 진달래꽃 가지 짊어진 나무꾼들이 줄줄이 내 가슴에 달려오는데. 더운 김을 푹푹 뿜으며, 김 나는 어깨를 자랑하며.

소똥

언젠가 새 풀잎들이 막 돋아나기 시작하는 좁은 논두렁길을 가는데 싸놓은 지 며칠 되었음직한 소똥이 꼭 소똥처럼(?) 예쁘게 떨어져 있었다. 화가들이 이렇게 예쁜 똥을 왜 그림으로 그리지 않을까 했는데 어떤 그림책에서 신학철씨가 그린 소똥 한 무더기를 보고 그 양반 참 볼 것을 제대로 보고 잘 그렸구나 하며 신기해한 적이 있다.

옛날 소는 모두 순 풀만 먹고 자랐다. 곡기라야 쌀방아 찧을 때 나오는 몽근 쌀겨나 보리방아 찧을 때 나오는 몽근 보릿겨가 전부였다. 소가 쌀겨와 보릿겨를 먹고, 밥할 때 나오는 구정물과 풀로 끓인 소죽을 먹기 때문에 소똥은 똥이지만 그리 더럽게 생각되지 않고 실제로 냄새도 잘 나지 않았다. 시골길을 가다보면 앞서 가던 소가 꼬리를 맘껏 쳐들고 똥을 털부덕털부덕 길바닥에 떨어뜨리는 것을 볼 수가 있었다. 똥 싸는 모습도 크게 흉해 보이지 않았다. 개는 사람들의 눈치를 슬슬 보며 구석진 곳에서 응아를 하지만 소는 아무 곳에서나 거리낌 없이 똥을 싼다. 길을 가다가 뚬벙뚬벙 떨어져 있는 소똥을 보면 정다운 마음이 생겨나기도 한다. 한창 바쁜 농사철, 모내기하다 맨발로 이웃 논으로 갈 때 소똥을 밟아도 그리 불쾌하지 않았다.

지금은 그런 소똥을 어디에서도 볼 수가 없다. 소를 키우지 않고 가두어 사육하기 때문에 소가 밖을 나다니는 것이 드물고 소가 논에서 일하는 모습을 보기도 어렵다.

내가 사는 진메 마을은 강변이 무척이나 넓다. 옛날 한창 소를 많이 키울 때는 농가는 서른댓 가구였지만 소는 70여 마리가 강변 이곳저곳에 벌겋게 매여 있었다. 이른 아침부터 좋은 풀밭을 차지해서 소를 매어두어야 하기 때문에 사람들은 부지런을 피워야 했다. 안개가 자욱한 풀밭에 나온 소들의 모습은 더할 수 없이 싱싱하고 살져 보였다. 한여름엔 아침부터 강변에 나온 소들이 뙤약볕을 이기지 못해 강물로 어슬렁어슬렁 걸어들어가 자기 꼬리에 물을 적셔 몸에 뿌리기도 했다. 힘을 어떻게 주체하지 못한 붉은 황소들은 앞발로 모래를 파서 씩씩거리며 뒤로 뿌리기도 해서 어린 우리나 아낙네들은 그런 소 곁에는 얼씬도 하지 않았다. 고삐가 끊어진 소들이 다른 소와 싸우는 모습도 흔히 볼 수 있었고, 송아지들이 푸른 풀밭을 뛰어다니며 개들과 장난하고 염소와 송아지가 서로 이마를 들이받으며 장난치는 풍경도 지금은 볼 수 없는 아름다운 풍경들이다.

소들은 하루 종일 풀밭에서 놀면서 똥을 쌌다. 소똥이 떨어진 곳의 풀은 소똥 거름 덕분에 다른 곳의 풀보다 웃자라 풀베기가 좋았지만 우리는 그 잘 자란 풀을 베지 않았다. 잘 모르고 그 풀을 베면 낫에 소똥이 걸리거나 이따금 우북한 풀 사이로 까치독사라고도 하는 화사가 고개를 반듯하게 치켜들었기 때문이다.

소가 싸놓은 똥은 비 없이 며칠 지나면 손으로 만져도 괜찮을 만큼 꼬독꼬독 말라 손으로 건드리거나 발로 툭 차면 돌멩이처럼 톡 떨어졌다. 이 소똥이 겨울까지 가면 쥐불놀이할 때 용하게 쓰였다. 잘 마른 소똥에 불이 붙으면 빨리 타버리지도 않고 잘 꺼지지도 않았다. 잉걸불처럼 불이 붙은 상태로 모지락모지락 오래 타면서 아침까지 파란 연기가 솟아올랐다.

소똥은 거름 중에서도 가장 좋은 거름이어서 사람들은 외양간에 늘 짚을 넣어주었다. 소가 똥을 싸고 뭉개서 짚에 소똥이 묻으면 마당 구석에 수북하게 쌓아 썩혔다. 그 외양간 거름은 마당가에 수북하게 쌓아두면 김이 뭉게뭉게 솟곤 했다. 가을철 떫은 땡감을 우릴 때 그 두엄자리 속을 파고 감이 든 독을 묻었다가 며칠 후 꺼내보면 떫은 기가 다 빠져 감이 다디달게 되어 있었다.

그 외양간 거름을 이리저리 옮기며 뒤집어 햇빛과 바람을 쐬면 거름이 잘 썩었다. 그 거름이 잘 썩어 몽글몽글하게 되면 비 안 맞는 헛간에 잘 쌓아두었다가 고추거름이나 보리거름으로 썼다. 이 거름을 사람들은 몽근 망웃이라고도 했는데, 완숙 퇴비였던 것이다.

소똥이 사람들의 삶에 아무런 방해가 되지 않던 시절이었고 소똥과 개똥이 곡식을 키우는 거름이 되던 시절이었다. 그러나 지금 이 나라 도랑물들은 소와 짐승에서 나오는 똥 때문에 몸살을 앓고 있다. 소똥이, 돼지똥이 곡식을 제대로 키우지 못하고 물을 죽인다. 요즘은 소똥 냄새도 지독하다. 모두 사료만 먹이는데다가 그 사료 속에 무슨 화학약품이 들어 있는지 짐승들의 분냄새는 골이 아프다.

파란 풀밭 위에 떨어져 김이 몽개몽개 나는 소똥, 그 소똥이 보고 싶다.

푸르른 뽕나무들

　동네 앞 밭가에는 뽕나무가 참 많았다. 봄이 오기 전 땅이 녹았다 얼었다 하면 뽕나무 밑에는 오복하게 밤색 뽕나무버섯이 흙을 이고 소담하게 솟아났다. 버섯을 따다가 땅속에서 겨울을 지낸 무를 척척 뿌려넣고 국을 끓여 매운 고춧가루를 풀어 먹으면 그렇게 맛있을 수가 없었다. 뽕나무 잎이 무성하게 피면 누에를 키웠는데 한창 모내기를 하는 때와 겹쳤다. 모내기하랴 뽕잎 따랴 농부들은 정신없이 바쁘기만 했다.

　뽕나무에는 오디가 무척 많이 열렸다. 다 익은 오디를 따먹으면 손과 입술에 까만 오딧물이 들었다. 무지무지 더운 여름날 보리를 베다가 보리밭가에 있는 시원한 뽕나무 그늘에 들어가 쉬며 오디를 따먹는 맛이란 그야말로 꿀맛이었다. 오디를 따먹다가 보리밭을 망치는 바람에 보리밭 주인에게 쫓기는 일이 하루가 멀다하게 벌어지곤 했다. 학교에서 오디를 따오라고 하기도 했다. 오디씨를 모아 팔았던 모양이다. 그때는 뽕나무가 바로 돈이었다. 뽕나무가 많은 집은 누에 농사를 많이 지어 많은 돈을 벌었다. 누에를 키우는 일은 많은 시간이 드는 게 아니고 한 달쯤만 바쁘면 큰돈을 만질 수 있기 때문에 집집이 누에를 키웠다. 학교에 갔다 와서 뽕나무에 올라가 오디를 따먹으며 뽕잎을 따는 일이 우리의 몫이 되기도 했다.

　우리 집 앞 종길이 아저씨네 밭에도 큰 뽕나무가 몇 그루 있었다. 오래된 뽕나무여서 우리 집 기둥만하게 굵었다. 아기 엄지손가락같이 통통한 오디가 새까맣게 익어 있으면 절대 그냥 지나가지 못했다. 돌멩이라도 던져 오디를 따먹어야 했다. 그런데 그 뽕나무가 내게는 늘 말썽이었다. 어머니가 들에서 돌아오시면 나는 잠시나마 동생들을 보는 일로부터 해방되었다. 나는 그 황금 같은 짬을 이용해 그렇게나 하고 싶던 낚시를 해야 했다. 나는 업고 있던 동생을 어머니에게 주기가 바쁘게 낚싯대를 치켜들었다. 낚시도구를 챙길 때마다 늘 낚싯대와 낚싯줄을 함께 잡고 달려가야지 하면서도 급한 마음에 낚싯줄을 바람에 날리며 강으로 숨가쁘게 달려가게 된다. 그러면 뽕나무 가지에 낚싯줄이 걸려 낚시를 뚝 떼어버리는 것이다. 아아, 정말이지, 낚싯줄이 뽕나무 가지에 걸려 팽팽하게 당겨졌다가 툭 떨어지던 그 깜깜한 순간을 내 어찌 잊으리. 낚싯바늘과 찌가 떨어져버린 허퉁한 낚싯줄을 바라보던 그 시간을, 물 가까이 날아다니는 하루살이들을 차먹으려는 물고기들의 그 반짝거리는 몸짓과 물결을 눈물 어린 눈으로 바라보던 그 순간을, 금방금방 어두워지던 바쁜 어둠을, 검푸른 뽕잎의 흔들림을 내 어찌 잊으리.

덕치 조서방,
3년 묵은 술값 내놔

5월이 되면 아침마다 나는 집 앞의 김 나는 밭과 느티나무와 강과 강 건너 푸르러지는 산을 보며 감탄한다. 어머니는 내가 어쩔 줄 모르는 이 감동의 순간을 단 한마디로 정리하신다.

"하따, 산천이 좋기도 하다."

그렇다. 산과 물이 좋기도 한 것이다. 말로나 글로 다 표현할 수 없는 일이 세상엔 얼마든지 있는 법이다. 형언할 수 없는 마음의 그 빛나는 움직임과 현란한 빛들을 어찌 말로 글로 다 풀어낼 수가 있겠는가. 그냥 "햐, 좋다"가 고작 아닌가.

5월 산천은 그야말로 있는 힘을 다해 자기 자신에게 최선을 다해 세상에 자기를 드러낸다. 그것은 아름다움의 극치요, 사람들의 입을 다물게 하는 자기 모습의 끝인 것이다. 자연만이 그걸 표현한다. 최선을 다한 것이 그래서 아름다운 것이다. 이 나라 산과 강, 논과 밭과 마을을 바라보며 나는 늘 감동한다. 저렇게 곱고 예쁠 수가, 산들이 모두 저렇게 자기 모양을 뽐낼 수가 없다. 인간만큼 수선스럽고 약삭빠르고 타산적이고 영악한 것이 있을까. 나는 인간에 관한 한 늘 낙관적이지 못하다. 그냥 나는 침묵으로 산을 보는 것을 좋아한다. 침묵만이 인간의 깊이에 가닿는다.

5월 산천에 햇볕이 찾아드는 아침, 문을 열고 나서면 김 나는 밭가에 애기똥풀이 피어 있고, 갈아엎어놓은 논에 토끼풀꽃 자운영꽃이 피어 있다. 이슬에 반짝이는 아침 풀밭의 영롱함. 아침햇살이 비낀 강 건너 숲의 천 가지 만 가지 색깔들. 그 숲을 나는 새가 있다. 꾀꼬리다. 노란색을 띤, 이름도 예쁜 꾀꼬리는 날면서 이렇게 운다.

"덕치 조서방, 삼 년 묵은 술값 내놔."

'덕치 조서방'까지는 빨리 울고 '삼 년 묵은'은 천천히 울고 '술값 내놔'는 또 빨리 운다. 어째서 예쁘고 고운 이 새가 술값을 받으러 다니는 술집 여자가 되었는지는 잘 모르겠으나 옛날에 덕치에 아주 술을 잘 먹는 조서방이란 분이 있었는데(덕치면 면소재지가 있는 회문리에 조씨가 많이 살았다) 외상술을 마시고 무던히도 술집 주인의 속을 썩인 모양이다. 삼 년 묵은 술값을 갚지 않았으니 그동안 떼어먹은 술값은 얼마이겠는가. 그 소문이 자자해서 덕치면 사람이면 이 조서방의 술값에 대해서 모두 한마디씩 했을 것이다. 아마 그 조서방은 속이 능글능글한 천하태평의 술꾼이었을 것도 같고, 예쁜 술집 과부하고 연분이 났는데 맘이 변한 멋쟁이 한량이었을 것도 같다. 그래서 꾀꼴새가 그렇게 우는지도 모른다. 꼭 술값 때문에 우는 것만은 아닐 것이다. 때는 5월 아닌가. 가장 멋들어진 계절인 5월 말이다.

누가 가르쳐주었는지는 모르겠으되 아무튼 덕치 사람들은 지금도 이 꾀꼴새의 울음을 그렇게 듣고 또 그렇게 말한다. 덕치 조서방이 끝끝내 외상값을 갚지 않은 것만은 분명하다. 지금도 우리 동네 앞산을 그 샛노란 몸으로 날며 "덕치 조서방, 삼 년 묵은 술값 내놔" 하고 우니까. 나는 죽을 때까지도 꾀꼴새 울음은 그렇게밖에 못 듣고 그렇게밖에 흉내 내지 못한다니까. 암만해도 다른 소리로는 안 들린다고.

그 산이 거기 늘 있었다

나는 평생 두 개의 산을 바라보며 살았다. 하나는 내가 근무하는 물우리 초등학교 앞산이고 또하나는 우리 마을 앞산이다. 나는 이 두 개의 산과 헤어져 살아본 적이 별로 없다. 집에 오면 집 앞산을 바라보고 학교에 가면 학교 앞산을 바라보며 산다. 이 두 개의 산은 따로 떨어진 산이 아니라 학교 앞산을 쭉 따라가다보면 집 앞산이 되고 집 앞산을 쭉 따라가다보면 학교 앞산이 된다.

학교 앞산은 봉우리도 별로 없이 밋밋하게 산등성이가 이어지다가 진메 마을 시작되는 데서 끝나며 거기에 봉우리 하나를 만들어둔다. 2학년 교실에서 보는 산. 아, 나는 이 교실에서 얼마나 많은 아이들의 얼굴을 떠올릴 수가 있는가. 이 교실을 이리저리 옮기며 내 젊음을 다 보냈다. 나는 쉬는 시간이나 방과 후 또는 수업시간 틈틈이 유리창 턱에 손을 짚고 늘 물우리 마을을 바라보았다. 고개를 약간만 오른쪽으로 돌리면 월파정 숲과 반짝이는 강물이 보인다. 그리고 늘 오가는 강길이 보이고 길 끝쯤 진메 마을 앞산이 보이는 것이다.

학교 앞 물우리 뒷산은 삼분의 일쯤 솔밭으로 되어 있다. 그 산 너머에 백양동이라는 마을이 있었지만 취약지구라 해서 박정희정권 때 강제로 철거되었다. 마을 하나를 없애버린 것이다. 솔밭 아래 여기저기 밤나무밭이 있다. 나는 거기 밭가에 있는 감나무를 어렸을 때부터 보아왔다.

아침 학교에 와서 마을을 바라보면 아름드리 느티나무 아래 70여 명의 아이들이 한꺼번에 모여 줄을 서 오던 모습은 이제 간 곳이 없다. 마을은 텅텅 비어 우중충하고 아침 등굣길 아이들의 모습이 보이지 않는다. 마을 뒷산의 밭들도 묵어가고 논은 아예 산이 된 지 오래다. 운동장과 벚나무숲에선 아침부터 꾀꼬리가 날아다니며 운다. 그 울음소리는 옛날 같은데 강 건넛마을은 적막하고 운동장엔 아이 두엇이 심심해서 못 견디겠다는 듯이 느릿느릿 걸어가고 있다.

교실 유리창 턱에 손을 짚고 오른쪽을 바라보면 시선이 맞닿아 끝나는 곳이 우리 동네 앞산과 옆 산이다. 옆 산은 멀어서 잘 보이지 않지만 진메 마을 앞산은 훤히 보인다.

　진메 앞산은 2학년 교실에서 보면 물우리 뒷산으로 이어진 산 같지만 진메에서 보면 물우리 옆에 있는 월파정이라는 정자가 있는 작은 동산에서 시작되어 강물을 따라온 산이다. 칡덩굴이 산을 뒤덮고 있는데 두 개의 하산길이 있다. 하산길 양쪽에서 뻗어간 머루덩굴, 다래덩굴이 있어 머루나 다래 따기에 아주 좋은 곳이다. 봄이면 개복숭아꽃이 유화물감을 흘린 듯 피어난다. 내가 늘 말하는 꽃밭등이다.

　아, 앞산! 달이 불끈 솟으면 검은 산이 되고 달이 이만큼 다가오면 훤한 산이 되고 별이 무수히 떠 있는 캄캄한 밤이면 소쩍새가 징허게 우는 곳, 오월이면 노란 꾀꼬리가 울며 날아다니고 긴긴 겨울 밤이면 부엉부엉 부엉새가 잠자리를 뒤척이게 하는 곳, 가을이면 개옻나무가 제일 먼저 뻘겋게 단풍이 들고, 때동나무, 도리깨나무, 박달나무, 꾸지나무, 참나무, 느티나무, 개복숭아, 개살구, 나도밤나무, 오리나무가 자라고, 토끼, 오소리, 너구리, 노루, 고슴도치, 뱀, 지네, 땅강아지, 땅벌 들이 수없이 사는 곳, 눈 주면 어느 곳에 무슨 나무가 있는지 금방 아는 산, 어딜 가든지 늘 따라와 내 옆에 있는 산, 안개가 피면 안개 속에 우람하게 서 있는 산, 어떤 땐 나보다 더 어려 보이는 산, 어떤 때는 나보다 먼저 일어나 강물에 세수를 깨끗이 하고 환하게 웃고 있는 산, 문 열면 거기 늘 그렇게 순간순간 내게 다른 얼굴을 내미는 산, 나는 저 산 하나만 바라보며 살아도 이 세상에 부러울 것이 없다. 행복하게 사는 데 저 산 말고 무엇이 더 필요하며, 살아가는 데 저 산을 아는 것 말고 무슨 공부가 더 필요할까. 저 산 하나면 나는 족한 것이다. 나는 저 산의 세계를 내 가슴에 안고 있는 것이다. 나는 저 산을 49년째 바라보며 산다. 그래도 지금 저 산만 바라보면, 저 산만 생각하면 가슴이 뛴다. 봄 여름 가을 겨울, 철 따라 변화하는 그 산의 짐승과 곤충과 나무와 꽃과 그리고 추억이 늘 내 가슴을 설레게 한다.

나는 지금 이 글을 쓰다가 마루에 나가 앞산을 보다 왔다. 곧 달이 뜨고 개구리가 우라지게 울어 내 잠을 흔들 것이다. 소쩍새 울고 밤꽃 피면 나는 그 밤꽃에 코피가 터질 것같이 어지럼증을 타며 강변을 배회할 것이다. 지금은 말없이 나를 내려다보고 있을 저 앞산, 눈을 감으면 이렇게 저렇게 다 그려지고 나무들의 모습이 선명히 떠오르는 산, 그 산이 그렇게 거기 늘 있었다.

딱새

　아버지가 한때 키우던 비둘기의 집에 어느 해 딱새 한 쌍이 찾아들어 둥지를 틀고 살기 시작했다. 딱새는 집 근처에서 사는 아주 작은 새인데 암놈과 수놈의 울음소리가 다르다. 암놈은 잿빛에 가까운 어두운 갈색이고 수놈은 어두운 갈색 날개 위에 흰 반점이 있다. 암수 두 마리가 우리 집 빨랫줄에 앉아 예쁜 목소리로 울고 담장이나 슬레이트 지붕에 앉아 꽁지를 까불며 아침저녁으로 울어대더니, 어느 날 언뜻 보니 비어 있던 그 비둘기집으로 들어가는 것이 아닌가. 나는 설마 "저게 저그다 집을 짓는다냐"고 했다. 그런데 그 녀석들이 비둘기집을 드나드는 것이 자주 눈에 띄고 울음소리도 날마다 듣게 되었다.

어느 날 나는 쥐도 새도 모르게 살짝 그 비둘기집을 들여다보았다. 근데 이게 웬일인가. 거기 조그만 둥지 속에 예쁘고 곱고 얌전한 딱새 암놈이 앉아 있다가 반짝반짝 빛나는 눈으로 나를 가만히 쳐다보는 것이 아닌가. 나는 얼른 내려와버렸다. 가슴이 두근거렸다. 저 새들이 우리 집에 와서 알을 품고 있다니, 으으 얼마나 꼬숩고 즐겁고 기쁜 일인가. 어머니와 아내에게만 그걸 말했더니 어머니는 "나는 진작 그 새가 거기서 사는지 알았다"고 아무렇지 않게 말씀하셨고, 아내는 그 큰 눈을 더 크게 뜨며 좋아하는 것이었다. 우리는 아이들이 알까 쉬쉬하며 즐거워했다. 새나 벌이나 집에 들어오면 좋은 일이 있다고 했다. 어머니는 진즉 알았지만 자기 혼자 좋아하고 계셨다는 것이다. 나중에는 민세와 민해도 알게 되었지만 그냥 본척만척해주었다.

어느 날 아침 나는 그 새소리에 잠이 깨었다. 다른 때보다 울음소리가 유난했던 것이다. 새들은 집 가까이에서 아무것도 두려워하지 않는 몸짓으로 포롱포롱 날며 울고 있었다. 그러면서 마당으로 자꾸 날아내리려고 하였다. 나는 얼른 그 새집 밑을 살펴보았다. 아, 맨땅에 새끼가 떨어져 있었던 것이다. 우린 놀랐다. 어느 것이 이런 짓을 했는지 알 수 없었다.

이듬해에도 딱새는 우리 집에 집을 지었지만 똑같은 꼴을 당하고 말았다. 내리 3년쯤 그런 일을 당하더니 딱새 부부는 아예 우리 집

엘 찾아들지 않았다. 어머니 말씀에 의하면 참새 짓이라는 것이다. 참새처럼 텃세를 부리는 것은 없다고 했다. 텃세란 많은 세월 동안 쌓이고 쌓인 삶의 두께일 것이다.

내가 근무하는 덕치초등학교는 온통 나무로 둘러싸여 있다. 아름드리 벚나무가 70여 그루 있고 살구나무가 뒤란 울타리를 치고 있다. 벚나무가 오래되어 큰 가지가 죽어가고 옹이가 썩어 커다란 구멍이 이 나무 저 나무에 생겼다. 옹이 구멍에다 찌르레기라는 새가 봄이면 집을 짓고 알을 까서 새끼를 키우는데, 꼭 아이들 키만한 높이에다 집을 짓고 드나들기 때문에 아이들 눈에 뜨이기 마련이다. 제일 처음 본 아이들이 내게 와서 "선생님, 저기요 새가요 들랑거려요. 근디요 지호가요 자꾸 건드려요" 했다.

나는 아이들보다 미리 알고 있었지만 이제 모두가 알아버렸으니 전교생을 모아놓고 공개적으로 새알 보호를 당부했다. 아무리 잡도리를 해도 어느 놈이 꼭 건드리기 마련이어서 새가 보금자리에서 고이 새끼를 쳐나가기는 어렵게 된다. 그래도 그 새들은 매년 그맘때가 되면 꼭 그 부근에 와서 집을 짓고 알을 까고 하는 것이다.

1996년 초여름이었다. 2학년 교실 바로 아래 오래된 향나무가 한 그루 있는데 어느 날 가지에서 딱새가 힛힛힛 하며 청아한 목소리로 우는 게 아닌가. 나는 정신이 번쩍 들었다. 몇 년 전 우리 집에 와 새끼까지 쳐서 키우다 참새에게 당한 일이 생각났던 것이다. 이놈이 살 만한 곳을 찾느라 학교 여기저기를 며칠 힛힛거리며 날아다니더니 울음소리가 들리지 않았다.

그 딱새를 잊고 있었는데 어느 날 변소 길에서 그놈을 보았다. 변소 꼭대기에 앉아 있던 그 딱새는 포르릉 날더니 아주 작은 창고 슬레이트 지붕 밑으로 쏙 들어가는 것이었다. 내가 모른 척 딴전을 한참 피웠더니 딱새는 또 포롱 날아 나오는 것이 아닌가. 딱새가 단풍나무로 날아가 앉는 것을 보고 나는 얼른 새가 드나들던 슬레이트 지붕 밑을 들여다보았다. 거기 아주 작고 예쁜 둥지에 알들이 있었다. 나는 누가 볼세라 얼른 내려와 두리번거리며 안심했다. 아무리 장난꾸러기 지호라도 거긴 못 봤는지 아무 탈이 없었다.

잊어버릴 만한 시간이 흘렀다. 6월 21일 둘째시간이 끝나고 나는 또 혼자 변소에 가서 소변을 보며 창문 너머 파란 하늘을 바라보고 있었다. 회문산의 숲이 싱그럽게 우거지고 학교 뒤뜰 살구나무 잎이 햇살 속에 빛나고 있었다. 큰비 뒤끝이라 잎들은 더욱 상큼했다. 울타리를 이룬 노간주나무나 동글동글하게 가꾸어진 향나무들이 이뻐 보였다. 내가 이따금 창을 열고 바라보는 뒤뜰이었다. 봄이면 파랗게 풀잎이 돋아나 토끼풀꽃이 피고 초여름이면 개망초꽃이 피고 가을이면 억새 몇 포기와 산국이 피는 한적한 뒤뜰, 거기에 소롯길이 나 있는데 연극무대처럼 지게를 진 늙은 농부가 염소를 끌고 지나가고 할머니가 고추를 이고 지나가는 곳이었다. 그런데 그

살구나무와 노간주나무 밑으로 포롱포롱 새들이 꽁지를 까불며 날고 있었던 것이다. 나는 얼른 볼일을 마치고 살금살금 새들이 나는 곳으로 가보았다. 새들은 나를 보았는지 부산하게 노간주나무 실가지 사이로 날고 있었다. 아, 그 새들은 모두 딱새였다. 일고여덟 마리쯤 되었다. 땅바닥에 앉는 놈이 있었는데 새끼딱새들이었다. 새끼딱새들이 포롱포롱 나는 연습을 하고 있었던 것이다. 나의 작은 뒤뜰에 바람이 살랑살랑 불고, 샛노란 개살구가 노릇노릇 익어가는 큰비 뒤끝 하짓날이었다.

개망초꽃

개망초꽃은 해사해.
개망초꽃은 아무리 들여다보아도 해사해.
가다가 다시 돌아와 개망초꽃을 다시 들여다보아도
개망초꽃은 해사해.

강물 속에 들어가서 두 눈을 뜨고 바위 속을 들여다보면
확보다 더 큰 바위 속에는 늘 쏘가리가 있었어.
쏘가리는 꼬리를 사알살 흔들며 나를 뚫어져라 쳐다보고
나도 숨이 턱에 꽉 찰 때까지 쏘가리를 쳐다보았어.
한 길이 넘는 물속에 햇살이 찾아들었지.

환했어.
물속이 정말 환했지.

개망초꽃은 해사해.
아무리 들여다보아도 개망초꽃은 해사해.
이렇게나 넓은 우주 속에서
백 장도 더 된 것 같은 가늘고 흰 꽃이파리들이 촘촘히 박혀 똥그란 동그라미를 그리고
샛노란 꽃술들이 저 좁은 공간을 꽉 채워 꽃송이를 세상에다가 만들어내다니.
자세히 보면 세상에 신기하지 않은 것 하나 없지만, 희고 노란 동그라미를 두 개나 그리며 꽃을 만든 개망초꽃은 참 신기해.

저 꽃같이 해사한 여자아이들이
징검다리에서 상추나 배추를 씻고
머슴애들은 자운영꽃이 붉게 핀 강변에서 풀을 베어 망태 가득 담아놓고
풀 따먹기를 했지.

상추를 다 씻고 강물에 얼굴을 씻은 여자아이들 낯빛같이 개망초

꽃은 해사해.

   쭈그려 앉아 꽃을 보다가 꽃을 한번 툭 건드려보면
어? 저것 봐!
저럴 때 개망초꽃은 더
해사하다니까.

   어머니는 저녁밥을 먹고
마당 덕석 위에서 다리미질을 했어.
나는 강변에 나가 아이들이랑 놀고 싶어 죽겠는데, 아이들 노는 소리를 들으며
빨래 한쪽을 잡고 다리미 속의 이글이글한 숯불 때문에 얼굴이 뜨거웠어.
땀방울이 등을 타고 구르는 소리가 다 들릴 지경이었지.

   지붕에는 박꽃이 피고
커다란 박나비가 날고 있었지.
박나비가 꽃으로 날아들 때마다 박꽃이 흔들렸지.
흔들리는 것은 달빛 같았어.
환한 어머님의 이마에서는 송글송글 땀방울이 달빛에 반짝이곤

했어.

 그 이튿날 어머님은 우리가 다린 뻣뻣한 삼베옷을 입고 지게 지고 들에 가셔서 땀으로 옷을 다 적셔 오셨지.
 그래도, 그렇게 땀으로 젖은 옷을 며칠 동안 입으셨어.
 그래도 때가 타지 않았다니까.

 정말이지 개망초꽃은 아무리 보아도 해사해.
 잘 다려 박꽃 핀 담장에 얹어놓은 옥양목 저고리처럼 해사해.

 며칠 동안 비가 오다가 그치면 햇살이 환한 텃논 논두렁으로 다 큰 큰애기들이 아기를 업고 나와 물을 보며 놀았지.
 처녀들은 등이 심심하고 허전한지, 아니면 다 큰 큰애기들이 할 일 없이 놀고 있는 것이 뭐한지, 아무 집 애기나 업고 놀러 다니기를 좋아했다니까.
 말하자면 등에 애기는 핑계였지.
 비 갠 산천 속에 처녀들의 다리가 유난히 희게 보였어.
 논에는 깨끗한 물이 가득하고 볏잎들은 잎맥이 다 보였지.
 논바닥에는 움푹 팬 발자국 속에서 올챙이들이 놀고 있었어. 산뜻한 산과 강 가득, 흘러가는 맑은 물, 멀리 물 구경하는 처녀들의 모습은 모두 환했지.

　해사했어.

　참 보기 좋았다니까.

　비가 그쳐도 몇 날 며칠 강물은 빠지지 않아 징검다리를 건널 수 없는 어머니는 강 건너 밭에 우우 무성하게 커가는 달구개비며, 비린잎이며, 바라구 들을 보며 "언제나 강물이 빠진다냐? 저놈의 밭에서 호랭이가 새끼 쳐 가겠다. 새끼 쳐 가겠어" 하시며 강가에 서서 강 건너 밭을 환하게 들여다보고 계셨지.

　소낙비가 오면 미꾸라지들이 빗줄기를 타고 하늘로 올라가다가 마당에 떨어져 있었어.

　그 미꾸라지들은 유난히 크고 살이 오동통하게 쪄 있었지. 살진 미꾸라지들이 마을 안 길에 생긴 도랑물을 타고 올라왔어. 큰비로 생수가 터져 뒷산에서 흘러온 물은 정말 차가웠지. 발이 시렸다니까. 나는 이따금 그 물에 걸레를 빨아 방을 닦곤 했지.

　개망초꽃은 정말 해사해.

　어머니는 개망초꽃을 풍년초꽃이라고 했지.

　우리는 개망초꽃은 계란꽃이라고 했어.

　개망초꽃이 꼭 계란 프라이 같았다니까.

할머님은 잎담배를 대통 가득 채우셔서 볼이 움푹 패도록 담배 연기를 깊이 들이마셨지. 담배에 불이 붙으면 담배 연기가 포로소롬 했어.

할머니 대통이 막히면 나는 낟알을 훑고 난 벼 이삭을 뽑아 담뱃대 깊숙이 박아 담뱃진을 빼곤 했어.

늘 지독하게 많은 담뱃진이 할머니 담배통을 막고 있었다니까.

담뱃진이 다 빠진 담뱃대를 한번 훅 불고 새 담배를 쟁여 담배를 피우시는 할머니는 "우리 용탁이가 질이다 질이여" 이렇게, 꼭 용택이를 용탁이라고 부르시곤 하시며 담배를 맛나게 피우셨지.

참 개망초꽃은 해사해.

손으로 한번 건드리면, 봐. 이럴 때 개망초꽃은 더 해사해.

정말 해사하다니까.

우리 반 2학년 아이들이랑 나란히 쭈그려 앉아 일곱이서 바라보는 개망초는

참

해사해.

나는 지금 정말 이 꽃에서 눈길을 거두기 싫어. 다른 곳으로 고개

돌리기 싫어.

정말 싫다니까.

소쩍새가 우는 사연

소쩍새는 진달래가 피고 나면 울거나 시절이 좀 늦다 싶을 땐 진달래가 지고 한참 후부터 울기 시작한다. 봄바람이 부는 어느 날 밤, 막 불을 끄고 잠자리에 들려 할 때쯤 희미한 새의 울음소리를 나는 듣는다. 나는 몸을 일으켜 숨소리를 죽이고 앉아 온몸을 열어 그 새소리를 듣는다. 맞다, 벌써 저 새가 돌아왔구나. 그렇지, 진달래가 피었지. 피를 토하며 운다는 소쩍새. 접동새라고도 하고 어떤 시인은 귀촉도라고 하는 새. 그 새가 돌아와 캄캄한 봄밤 어딘가에서 울고 있는 것이다.

소쩍새가 처음 울던 다음날 아침에 측간에 가서 '아, 어젯밤에 소쩍새가 울었지' 하고 기억하는 사람은 그해에 아주 좋은 일이 생긴다고 어머니는 늘 말씀하시지만 나는 한 번도 변소에 앉아 그 새소리를 기억해내지 못했다.

> 낮에 낮에나 우는 새는
> 배가 고파서 울고요
> 밤에 밤에나 우는 새는
> 임 그리워 운다

밤에 우는 새는 휘파람새와 쪽쪽새와 소쩍새가 있지만 휘파람새는 어쩐지 한이 맺힌 울음소리를 낸다. 달이 뜨고 산마다 밤꽃이 훤하게 핀 밤, 모내기가 한창인 들판, 밤물 대는 농부들이 들판에 담뱃불을 반짝이며 눈에 불을 켤 때, 이 휘파람새는 구슬픈 소리로 길게 길게 울며 들판을 질러간다. 머슴 살다 죽어 그 혼이 저문 날 소를 몰고 온다는 쪽쪽새 소리는 온밤을 하얗게 뒤척이게도 한다. 설명할 수 없고 어떤 글이나 말로 그 울음소리를 표현하지 못해서 나는 지금도 그 새소리에 뒤척이나보다. 감동이 확실하면 설명이 필요 없고 또 감동이 크면 감당하기 힘들어 말이나 글이 되지 않는 법이다.

내가 세상을 살면서 가장 견디기 힘들었던 것은 이 소쩍새 울음소리를 이겨내고 무심해지는 일이었다. 지금도 나는 소쩍새 울음소리를 졸업하지 못한 학생이다. 소쩍새 울음소리와 더불어 내게 힘든 것이 또하나 있었으니 그것은 5월 중순쯤 잎 피어나는 저물녘의 앞산이고 토끼풀꽃과 자운영꽃이 만발한 저물녘의 강변이었다. 징검다리에서 발을 씻고 나는 그 파르르 살아나는 푸른 어둠 속의 꽃에 맨발을 들이밀곤 했다. 아, 뼈까지 다 푸른 어둠에 물드는 것처럼 나는 숨이 막히곤 했다. 정말 견디기 힘들었다. 너무 아름다운 것을 보면 사람들은 견디기 힘들어하며 다른 사람들을 부른다. 함께 보고 느끼면서 그 힘듦을 이기고 견디려는 무의식적인 행동인지 모른다.

　세월이 가면서 자연과의 그 탱탱한 긴장은 서서히 내 몸에 내 맘에 익으며 화해를 이루었다. 그것은 사물의 객관화이자 나의 객관화이기도 했다. 그래도 나는 아직도 저 숨 막힐 것 같은 5월의 산을, 저 5월의 아침을 감동과 감탄사 없이 바라보지 못한다. 어머니는 간단하고 확실하게 "하따, 저 산 좀 봐라"로 앞산 봄의 환희를 정리하지만, 나는 아무튼 무슨 말인가 더 할 말이 있는데 그 말이 생각나지 않아 헤매며 내 방에 들락날락하는 것이다. 아무것도 손에 잡히지 않고 아무 생각도 정리되지 않은 채.

　어느 해 여름이었다. 나는 초저녁부터 이 산 저 산에서 참말로 확실하게 울어대는 소쩍새 소리에 또 잠을 못 들어 불을 켰다가 끄고 누웠다가 다시 일어나고 일어났다가 마루에 나가서 보고 혼자 오락가락 헤매고 있었다. 그런데 이게 웬일인가. 그날 소쩍새가 우리 집 앞의 느티나무에 와서 울고 있지 않은가. '에라이 이놈의 새를 그냥.' 나는 잠을 못 이뤄 뒤척이며 거짓말 조금 보태서 이를 갈고 있었다. 불을 끄고 누우면 꼭 약 올리는 것처럼 내 머리맡에 바짝 와서 울어대는 것이다. 일어났다 앉았다 몇 번을 반복하다 나는 플래시를 찾아 들었다. '내 이놈의 새를 꼭 보고 말리라.'

  나는 살금살금 발소리를 죽이며 쥐죽은 듯 고요한 그 느티나무 아래로 향했다. 아무리 캄캄한 밤이라도 나는 이 길의 돌멩이나 풀 한 포기도 다 기억해서 눈을 감고도 우리 집과 느티나무 사이를 오갈 수가 있는 것이다. 나는 조심조심 느티나무 아래로 다가갔다. 그런데 갑자기 소쩍새가 울음을 뚝 그치는 게 아닌가. '어, 이놈의 새가 내 숨소리나 발소리를 들었나.' 나는 느티나무 뿌리에 가만히 앉아 숨을 죽이고 있었다. '울기만 해봐라, 내가 너를 기어이 보고 말리라.' 한참을 그렇게 앉아 있었더니 아니나 다를까 소쩍새가 울기 시작했다. 처음엔 더듬더듬 작은 소리로 울더니 차츰차츰 목청을 높여가다가 안심하고 맘껏 울었다. 그래, 나도 좀 견뎌보리라. 나는 그 소리를 똑똑히 듣고 앉아 있었다. 이상한 것은 그렇게 내 머리 바로 위에서 울음소리를 들어보니, 그것은 새 울음 이상도 이하도 아닌 그냥 새소리에 불과했다. 소쩍 소쩍 소쩍쩍 하며 우는 그냥 새소리였던 것이다. 나는 별것도 아닌 것을 가지고 여지껏 애간장을 태웠구나 싶어 화까지 치미는 것을 참아가며 그 소리를 듣고 있다가 새 울음소리가 나는 곳을 온 촉각을 세우고 가늠했다. 그렇지 저기, 저기쯤이겠구나. 나는 내가 짐작한 지점을 향해 힘껏 플래시의 스위치를 당겼다. 아, 그 짧은 순간 소쩍새 소리가 뚝 그치고 거기 참새보다 조금 큰 것 같은 새가 앉아 있는 것을 나는 똑똑히 보았다. 그 새의 눈빛도 본 것 같았다. 후드득 새가 날았다. 나뭇잎이 흔들렸다. 나는 얼른 불을 껐다. 그리고 검고 큰 우산처럼 서 있는 느티나무 밑을 빠져나와 집에 와 불을 끄고 누웠다. 아, 그런데 그 소쩍새가 느티나무에서 다시 천천히 소쩍쩍 소쩍 하며 우는 게 아닌가. 이 산 저 산에서도 소쩍새들이 서로 소리를 주고받으면서 우는 것이었다. 나는 지금은 소쩍새 소리를 따라가다 깜박 잠이 든다.

소쩍새, 이른 봄 진달래가 피기 시작하면 쌀쌀한 밤 까칠한 봄산에서 울기 시작해서 가을이 끝날 무렵까지 우리나라 산천을 울리는 새. 사람들은 이 새를 두고 온갖 이야기들을 만들어냈고 시인들은 시를 쓰기도 했다. 어쩌다 이 새에 대해 써놓은 글을 보면 너무 틀린 경우가 많다. 이 새가 낮에 우는 경우는 극히 드물다. 깊은 산속에서 이 새가 간간이 우는 때도 있긴 있지만 대체로 밤에 운다. 소쩍새 울음을 한낮에 들었다고 써놓은 글을 보는 경우가 있는데 이때 글쓴이가 들은 것은 아마 뻐꾸기 소리인지 모른다. 뻐꾸기는 뻐꾹새라고도 부르는데 산에서보다 마을 가까이에서 많이 운다. 어떤 때는 이 산에서 저 산으로 날아가며 울기도 한다. 또 이와 비슷한 쑥국새가 있다. '쑥꾹쑥꾹' '쑤꾹쑤꾹' 소리로 들리는데 배고픔이 많았던 농부들은 이 울음을 '쑥꾹'이라고 표현한다. 소쩍새 소리가 풍년일 때는 '솥꽉' '솥꽉' '솥꽉꽈'로 들리고 흉년일 때는 '솥텅' '솥텅' '솥텅텅'으로 들리는 것과 같은 이치다. 쑥국새는 깊은 숲속에서 우는데 나는 동네 어른들한테서 비둘기 암놈이 우는 소리라고 들었다.

  글을 쓰는 이 밤에도 소쩍새는 울고 있다. 그 소리와 화해하고 극복했다지만 지금도 나는 무심한 그 울음 속에 무슨 할말이 더 있을 것 같은 생각에 다시 돌아눕는다. 돌아누운 그쪽에서도 소쩍새는 소짝소짝 울고 있다.

뱀이 없어요

요즘도 밤이면 청웅, 강진, 순창 사람들이 동네 앞 강변으로 다슬기를 잡으러 온다. 오래전엔 도시락들을 싸들고 버스로 와서 하루 종일 물속에 앉아 돌을 뒤집어 다슬기를 잡더니 요새는 밤에 차를 몰고 와서 플래시로 물속을 비춰가며 다슬기를 잡아간다. 한여름에는 강변이 불야성을 이룬다. 다슬기는 해가 넘어가기 시작하면 바위틈에서 슬슬 기어나와 바위 위에 붙어 있다. 또 궂은 날에도 슬슬 기어나와 바위 위에 붙어 있곤 한다.

플래시 불빛으로 다슬기를 잡다보면 제일 무서운 게 뱀이다. 물안경을 끼고 깊은 물속에 들어갈 때도 혹 뱀이 있을까 하는 걱정이 앞서는데 캄캄한 밤에야 어찌 무섭지 않겠는가. 더군다나 날씨가 무덥고 찔 때면 독사도 물가로 나와 시원한 강바람을 쐬는 것을 낮 동안 본 사람들은 더욱 그러하다. 그러나 밤에 물속에서 독사를 보 았다는 사람은 없다.

아무튼 플래시 불빛이 강물에 어른거리기 시작하면 물에서만 사는 물뱀이 불빛을 따라 모여들어 사람들을 졸졸 따라다닌다. 물뱀은 독이 없어서 물려도 아무렇지 않다는 것을 우리 동네 사람들이야 잘 알고 있어서 그리 무서워하지 않지만(그래도 물뱀이 졸졸 따라오면 겁내지 않는 사람은 없다) 도회지 여자들이 어쩌다 다슬기를 잡으러 와 졸졸 따라오는 물뱀을 보면 기절초풍을 하게 마련이다.

다슬기를 한참 잡다가 허리가 아파 허리를 쭉 펴며 일어서다 보면 이따금 물뱀이란 놈이 바로 코앞에서 물 위로 대가리를 조금 내어놓고 사람을 말똥말똥 쳐다볼 때가 있다. 그럴 때 그 누구도 기겁을 하지 않는 사람은 없다. 그러나 우리는 잘 안다. 요놈이 절대 물지 않는다는 것을. 그래서 우리가 손가락으로 이마를 튕길 때처럼 뱀의 대가리를 힘껏 튕겨버리면 요 물뱀이란 놈은 골이 띵해서 어지러운지 빙글빙글 돌며 도망을 갔다가는 정신을 차린 후 또 졸졸졸 따라오는 것이다.

가을이 되면 송아지처럼 울어서 뱀들을 불러 모은다는 능구리는 말 그대로 능글맞다. 잡으려고 돌멩이를 던지거나 막대기로 건드려도 이 능구리는 능글능글 움직이질 않는다. 여름철 시골 아스팔트 위에서 차에 치여 제일 많이 죽는 뱀이 이 능구리다. 능구리는 허리 아픈 데 좋다고들 해서 술을 많이 담그는 뱀이다. 나도 어느 해였던가, 허리가 어찌나 아팠는지 한 달쯤 고생을 했는데 한수 형님이 앞밭 구석에 묻어둔 이 능구리주를 두 컵 먹고 땀을 흠뻑 흘린 후 거뜬히 일어났던 적이 있다. 뱀의 효력인지는 잘 모르겠지만. 이 뱀은 두꺼비와 싸우기도 하는데 대개 먼저 보는 쪽이 이긴다고 한다. 두꺼비는 새끼를 밴 후 이 뱀에게 일부러 잡혀 먹히기도 하는데 두꺼비를 삼킨 이 능구리를 파먹으며 두꺼비 새끼는 세상에 나온다고 한다. 80년대 민중운동 초창기에 이 두꺼비가 그려진 그림이나 판화를 운동 깃발로 사용하기도 한 것은 아마 이런 연유에서였을 터이다.

뱀 중에서 제일 무서운 것은 독사다. 독사 중에서도 등에 흰 무늬가 있는 살모사가 제일 무섭다. 이 뱀은 못같이 단단하면서도 날카로운 꼬리를 갖고 있고 따다다다 따다다다 하는 소리를 내는데 그 소리에 소름이 돋지 않는 사람은 없을 것이다.

여름철 느티나무 밑에 앉아 놀다가 강물에 물살이 이는 것을 보면 영락없이 뱀이 물을 건너오고 있다. 어렸을 적 우리는 강물을 건너오는 뱀이 강기슭에 닿기가 무섭게 돌멩이로 죽이곤 했는데, 나뭇잎이나 풀잎처럼 푸른 뱀도 있었고 등줄기만 하얀 뱀도 있었다. 그때만 해도 여름철에 동네 어디를 가도 하루에 뱀 몇 마리쯤은 볼 때였다.

어느 해던가 동네 어른 한 분이 병원에서도 고치지 못하는 병이 들어 뱀을 잡다가 강변에서 삶아먹었다. 그때 꽃뱀 알을 주워 먹어 본 적이 있는데 지금도 단언하건대 나는 세상에서 제일 맛있는 게 무엇이냐고 물으면 "예. 화사 알이요" 할 것이다.

어느 해인지는 몰라도 월파정에 땅꾼들이 살았다. 동네에서도 자루를 허리띠에 매달고 나무집게를 들고 여기저기를 어슬렁거리는 땅꾼들을 볼 수 있었다. 그 무렵 이웃마을 아주머니들이 둘이나 어디론가 사라진 일이 있었는데 땅꾼들이 데려가버렸다고 했다. 땅꾼들은 뱀만 잡아간 게 아니고 동네 예쁜 과부나 아낙네들도 잡아갔던 것이다.

그래도 뱀은 많았다. 감나무, 밤나무 밑이나 산 돌자갈밭에 가보면 독사들이 바위에 똬리를 틀고 앉아 있었고, 말리려고 널어놓은 풀 위에 뱀은 많이도 있었다. 뱀도 다른 동물처럼 본능적으로 사람을 무서워한다. 하지만 뱀은 숨어 있지 않고 늘 사람의 눈에 잘 띄는 곳에 있다. 자기를 적에게 철저히 노출시킨다. 어쩌다 뱀하고 눈이 딱 마주치면 뱀은 절대 움직이질 않는다. 계속 눈을 맞추고 있다가 사람이 무기를 주우려는 그 순간, 그러니까 뱀으로부터 눈길을 뗐을 때 뱀은 순식간에 덤벼들거나 도망쳐버린다. 돌멩이나 나뭇가지를 주워들고 뱀이 있던 곳을 보면 십중팔구 뱀은 그 자리에 없다. 독사의 경우는 틀림없이 그렇다.

그런데 80년대 들어 대대적으로 뱀을 잡기 시작했다. 사람들은 모기장을 사다가 산중턱쯤에 몇 킬로씩 망을 쳐놓았다. 그 칙칙하게 우거진 산을 뺑 둘러 모기장 아닌 뱀망을 쳐댔던 것이다. 뱀은 봄엔 물가로, 그러니까 산 아래로 내려오고 가을이면 집을 찾아 산 위로 오른다. 사람들이 그런 뱀의 습성을 이용하여 토벌전을 벌였던 것이다. 이놈의 뱀이 산을 오르내리다가 땅에 착 달라붙게 쳐놓은 뱀망을 딱 만나면 뒤로 되돌아가면 될 텐데 그러질 않았다. 뱀망을 따라 옆으로 슬슬 기어가거나 아니면 그 자리에 가만히 죽은 듯 멈춰버리는 것이다. 그러면 밤에 자루를 들고 집게로 주워 담으면 되었다. 뱀을 잡는 게 아니라 주웠던 것이다. 독사고 능구리고 새끼고 어미고 가리질 않고 뱀을 자루에 모두 주워 담아가니 뱀이 남아날 리가 없었다.

나도 언젠가 여름방학 때 친구가 뱀망을 쳐놓은 데를 자루를 들고 따라가본 적이 있다. 그 친구는 플래시 불빛을 망 가까이 밝게 비추며 슬슬 걸어가다가 뱀이 있으면 나보고 "야, 용택아 이놈은 독사다" "야, 이놈은 무지무지 크다" 하며 자루를 벌리라고 했다. 그 뱀망에는 뱀만 걸린 게 아니라 커다란 고슴도치도 몇 마리씩 오도가도 않고 앉아 있었다.

그렇게 2, 3년 동안 이 나라 산천의 뱀은 거의 없어졌다. 지독한 사람들이었다. 우리나라 땅에서 자라는 뱀을 다 잡아먹은 이 나라 남정네들은 드디어 정력을 키우려 해외까지 진출해서 마침내 세계적인 빈축을 사기도 했다. 대단한 사람들이다. 나는 우리가 대단하다는 것을 이 땅 곳곳에서 느끼곤 하는데 이때처럼 실감한 적이 없었다.

나는 90년대 들어 10리 강변길을 걸어 2년 동안 출퇴근을 했지만 그 많던 뱀을 한 번도 본 적이 없다. 지금도 마찬가지다. 집안 담장에서나 소나기 직후 뙤약볕에 몸을 말리러 나온 구렁이를 본 기억이 까마득하다. 서리가 내린 가을이면 돌이 많은 너덜겅에 뱀들이 수십 마리씩 뒤엉켜 있고, 여름철 냇가에 학이 날아와 뱀을 물고 있는 것을 보곤 했는데 이제 물뱀을 제외하곤 뱀을 보기가 힘들어졌다. 우리의 할머니는 긴긴 겨울밤 뱀 이야기로 몇 날 며칠 밤을 보내기도 했는데 이제 내 아이들은 구렁이를 텔레비전의 〈동물의 세계〉에서나 본다.

뱀이 적어졌으니 희소가치가 있어 값은 더 비싸지고 이제 땅꾼들은 포클레인을 동원해 겨울철 뱀굴을 찾아 씨를 말리려 든다. 시골에서 가까운 읍내엔 허가 나지 않은 뱀집이 있어 논일 들일 산일 하다 뱀을 잡으면 재빨리 거기에 갖다 판다.

이렇듯 온갖 수난을 당해 뱀은 그 수가 점점 줄어들고 물에서 산에서 쫓겨났다. 어디로 갈 것인가. 사람들이 하도 영악해서 힘없는 생물들은 이제 숨을 곳이 없다.
 동네에서 어쩌다 몹쓸 병이 들면 사람들 눈에 띄지 않는 곳에서 쉬쉬 구렁이를 달여먹던, 그것이 죄처럼 느껴지던 시절이 있었다. 그런 일은 어쩌면 자연의 순리를 거스르지 않은 순박한 행위였는지도 모른다. 우리는 지금 자연의 섭리를 너무 무지하게 역행하고 있는 것이다. 모르는 게 아니고 알면서도 큰 죄를 짓고 있는 것이다.

개미

 커다란 느티나무 아래 앉아 놀고 있다. 우산같이 둥그런 느티나무가 거느린 그늘은 넓고 넓어서 200명도 더 그늘 아래에다 가둘 것 같다. 느티나무 바로 밑에는 시원한 강물이 흐르고 있다. 강바람이 불어온다. 바람이 불 때마다 수없이 많은 나뭇잎들이 흔들리고, 흔들리는 나뭇잎 사이로 햇살들이 반짝이며 떨어진다. 아무리 더운 여름날도 이 나무그늘에 들어오면 땀이 갠다.
 개미 한 마리가 느티나무 그늘로 들어오고 있다. 개미는 아무것도 입에 물지 않고 있다. 어디를 가는지, 아니면 어디를 갔다가 오는지 개미는 바쁘다. 작은 돌멩이를 넘어서더니, 땅에 떨어진 작은 나뭇가지를 타고 넘는다. 개미는 내가 앉아 있는 넓은 바위를 타고 오른다. 내 발가락 밑에 다다르더니, 개미를 만난 개미는 멈칫 서 있다가 조금 멀리 돌아간다. 바위를 타고 내려간 개미는 잠깐 보이지 않더니, 다시 커다란 느티나무 뿌리 위를 부산하게 기어간다. 어? 자기보다 큰 개미를 만난 개미는 멈칫 서 있다가 조금 멀리 돌아간다. 나무뿌리는 크고 거대하다. 개미는 나무뿌리를 타고 오를 모양이다. 돌출된 나무껍질을 타고 넘는다.

오! 나는 거대한 나무와 한없이 작은 개미의 움직임에서 눈을 뗄 수가 없다. 바람이 분다. 나뭇잎이 술렁이고, 햇살이 나무둥치에도 반짝 떨어진다. 개미는 자기보다 몇만 배도 더 큰 거대한 나무를 타고 오른다. 커다란 옹이를 타고 넘더니 개미는 상당히 높은 곳까지 올라가 있다. 나는 일어서서 개미가 나무를 타고 오르는 모습을 본다. 개미는 참 부지런하다. 벌써 상당히 높은 곳까지 올라가 있다.

개미는 이제 커다란 나무의 몸통을 벗어나 내 아름보다 더 큰 가지로 옮겨 갔다. 이제 개미는 보였다 안 보였다 내 눈에서 가물거린다. 어? 그러다 어느 순간 개미는 내 눈에서 반짝 사라졌다. 눈이 아프다. 개미가 보일 때는 괜찮았는데 개미가 내 눈에서 사라지니 눈이 시리고 눈물이, 아니 눈에서 물이 나온다.

나는 나무를 올려다본다. 백 년도 더 넘은 이 느티나무 아래에서 나는 자랐다. 온갖 추억이 저 나뭇가지와 잎만큼이나 많이 뻗고 저 잎사귀만큼이나 산들거린다.

개미는 어디로 간 것일까. 수많은 나뭇가지들이 허공으로 뻗어 가고 셀 수도 없는 저 수많은 나뭇잎들이 저렇게 수런거리는데, 개미는, 작은 개미는 어디로 무엇을 하러 간 것일까.

우리도 잠 좀 자자

집을 지으려고 땅을 뒤집어 다듬어놓은 새 땅에 어쩌다 떨어져 자란 코스모스는 여름이 끝나자마자 바로 꽃을 피운다. '남산 위의 저 소나무'가 어느 해부터 솔방울을 다닥다닥 달고 있다는 말을 들은 적이 있다.

나무나 풀 들도 생존의 위기를 느끼면 자기 종족을 보존하기 위해 재빠르게 꽃을 피우고 열매를 맺는다고 한다. 갑자기 소나무가 솔방울을 많이 단다는 것은 소나무가 사는 환경의 위험성을 사람에게 알리는 신호다.

우리 집 감나무는 해를 갈아가며 감이 열린다. 올해 감이 많이 열리면 내년에는 틀림없이 감이 적게 연다. '해갈이'한다고 하는데, 나무도 한 해 동안 쉬면서 힘을 저축해두고 싶은 것이다. 이 세상의 모든 나무들이 다 그렇게 해를 갈아가며 꽃도 피우고, 열매도 맺는다. 우리 학교 운동장에 있는 벚나무도 해를 갈아가며 꽃을 피운다.

그런데 과수원에 있는 과일나무들은 그렇지 않다. 사람들은 해마다 거름을 몽땅 주고, 전지를 철저히 해 해를 갈아 열매를 맺는 나무의 버릇을 고쳐버린다. 해마다 과일이 주렁주렁 열리는 과수원 과일나무는 그래서 수명이 그리 길지 않다.

닭도 잠을 자야 한다. 그런데 양계장의 닭들은 잠을 빼앗겨버렸다. 잠을 못 자게 계속 환한 불을 밝혀두고 끊임없이 사료를 먹게 하는 것이다. 닭이 하루에 한 개씩 달걀을 낳을 때는 병아리를 까기 위한 시기뿐인데, 양계장 닭은 일 년 내내 알을 쉬지 않고 낳는다. 육계는 더 혹독하게 잠을 안 재운다. 40여 일 동안 잠 한숨 못 자게 하고 사료를 먹인다. 그리고 잡아먹는다. 우리는 잠을 못 잔 닭을 배불리 먹고 편하게 잠을 잔다. 아니, 사람들도 잠 이루지 못한 닭을 먹고 살아서 그런지 새벽 2시, 3시가 넘어도 잠을 자지 않고 거리를 헤맨다.

어느 날 새벽 2시에 처음 밖에 나갈 일이 있었는데 아, 세상은 대단했다. 사람과 차 들이 그때까지 잠을 자지 않고 돌아다니고 있었던 것이다. 뭐 별걸 다 가지고 그런다고 할지 모르겠지만 나는 그때 처음으로 그런 새벽풍경을 보았던 것이다.

풀도 잠을 자야 하고, 곡식들도 나무도 잠을 자야 한다. 밤이 되면 물고기들도 얕은 물로 나와 잔다. 어두워진 밤의 잠은 자연의 순리다. 동네 앞 가로등 아래 벼는 키만 턱없이 크게 자랄 뿐 이삭이 여물 줄을 모른다.

언젠가 서울에서 잔 적이 있는데 불빛이 환해서 그런지, 밤 내내 매미들이 자지 않고 울어대는 바람에 나는 잠을 이룰 수 없었다. 마치 네가 이기나, 내가 이기나 시합을 하듯이 말이다. 생각해보면 매미의 사는 모습이 우리 인간의 사는 모습과 꼭 닮은 것이다.

자연이 먼저 파괴되는가, 인간성이 먼저 파괴되는가? 자연이 먼저 파괴될 리는 만무하다. 인간의 오만과 탐욕이 자연을 파괴하고 자기도 동시에 파괴한다. 돌아갈 수 없는 다리를 우리는 한참 건너 버렸다. 어쨌든 사람이 문제인 것이다.

 뭉게구름

　비가 그친 하늘에 뭉게구름이 하얗게 솟아오른다. 참으로 오랜만에 보는 구름과 하늘과 산이다. 저렇게 깨끗한 푸르름과 저렇게 하얀 구름과 저렇게 파란 하늘빛을 본 것이 언제였던가. 아득한 꿈속을 헤매고 있는 듯하다.
　날씨는 지독하게 무덥고 운동장 가장자리 벚나무숲에선 온갖 매미들이 울어대고 학교 뒤뜰엔 샛노란 개살구가 익었다. 저 건너 산에 나무들이 또렷이 보이고 집들이 또렷이 보인다. 작은 산봉우리 위에 둥둥 떠 있는 하얀 조각구름은 우리 민해가 그린 구름 같다. 박고석의 그림이 저렇게 단순했지, 아마. 난 그의 그런 단순한 산들을 좋아했다. 그 단순한 산 위의 아무렇게나, 천진스럽게 그린 조각구름이랑.

 좋은 날, 좋은 풍경, 단순한 아름다움이다. 나도 저렇게 단순한 자연 속에서 살고 싶다. 한 그루의 나무, 한 포기의 풀, 한 덩이 돌멩이로 아무 데나 서 있어도 서로 아름다운 조화를 이루며 거스르지 않는 풍경이 되어 살고 싶다.

 그러나 또 며칠 있으면 희뿌연 연기들이 내 시야를 가리고 내 가슴을 답답하게 할 것이다. 시선 끝까지 아득하게 보이던 산봉우리는 이제 없는 것이다. 강물은 썩고 어디 앉을 자리 한군데 제대로 보전된 곳이 없다. 어디에 앉아서 자연의 소리를 홀린 듯 귀담아들으며 그 소리들을 따라가고, 어디에 서서 오래오래 무엇을 바라보는 시간은 거덜났다. 침묵과 침잠과 고요의 시간, 바라봄의 차분함은 사라지고 속도와 질주와 소란과 어지러움이 판을 치며 인간 본래의 정신을 허물고 흐트러뜨리고 박살낸다. 조용하게 생각을 끌고 가다 끝낼 수가 없다. 생각의 어디에선가 날카로운 것들이 사색의 중간을 무너뜨린다.

 둥둥 떠가는 조각구름과 뭉실뭉실 솟는 산 너머 하얀 뭉게구름을 풀밭에 누워 바라볼 수 있는 사람은 이제 드물다. 그 밝고 맑은 햇빛 저쪽 끝의 풍경을 바라보는 투명한 마음과 밝은 눈빛들은 이제 없다. 옛적, 그 힘차던 사내들의 근육과 해맑던 여인들의 살결도 이제 없다.

저녁햇살을 받은 산등성이들이 빛난다. 그 산그늘 아래 젖어드는 작은 내집평 들판의 벼들은 푸들푸들 뛰는 물고기들처럼 싱싱하게 살아난다. 그 논들 가운데 하얀 옷을 입은 농부가 띄엄띄엄 바작을 얹은 지게를 벗어놓고 논두렁의 풀을 깎는다. 다 깎은 논두렁 위로 가지런히 드러나는 저 벼들, 꿈길을 가듯 꿈길에 서 있듯 나는 지금 투명하게 서 있다. 어디선가 매미 소리가 아득하게 들린다. 내 사랑했던 아름다운 작은 들판. 나 거기 구름 한 조각이 지나며 그리는 그림자처럼 서 있고 싶었다. (세상에 내가, 조각구름 지나는 그림자를 다 기억해내다니. 그렇구나. 나는 공부시간에 창 너머로 커다란 구름 그림자가 앞산을 지나는 것을 보았지. 그 그림자를 보면서 큰 우주선 함대가 하늘을 나는 것 같다는 상상을 했었지.)

서늘하게 젖어오는 산그림자. 물꼬에서 떨어지는 작은 물소리. 아이들 두엇 지나는 마을길에 나도 들어선다. 어제의 그 곱던 햇살이 오늘까지 이어진다. 구름이 많이 끼었지만 산빛이 해맑다. 구름 사이로 쏟아지는 햇살을 받은 강 건너 산, 나무들이 환하게 보인다. 그 환한 햇빛처럼 나도 갠다. 환하게 갠 땅에 개망초꽃 무더기들이 흩어지더니 내 마음속으로 걸어들어온다. 어서 오너라, 어서 오너라. 내가 큰절하며 맞이한다. 환한 얼굴로 나도 꽃이 되어 햇살 속을 걷는다.

푸른 하늘에 뜬 뭉게구름, 조각구름으로 내게 평화가 찾아왔다.

사색의 길이여, 내 길이여. 길 끝에 아름답고 작은 사람의 마을, 진메 마을이 있다.

짧은 생각들

하나

천 가지 만 가지 옳은 생각들은 할 수 있지만 한 가지를 행동에 옮기기란 어렵다. 너는 그 한 가지 길을 가라.

둘

농민들은 없는 것을 생짜로 만들어내지 않고 있는 것들을 자기 삶의 한 부분으로 돌보고 가꾸고 공동으로 보호한다. 그것이 농민문화였다.

셋

내가 사람이어야
사람이 보인다.

넷

가르치면서 배우고 가르치면서 자기의 생활태도를 반성하고 삶을 깊이 깨닫지 못하면 그 교육은 교육이 아니다. 즉 교육은 '자기' 교육이다.

다섯

세월은 두려움을 없애주는 편안함을 가져다준다.

여섯

지금도 나무로 불을 때서 구들을 따뜻하게 하고 밥을 해서 먹는 사람이 있다. 그 집에 저녁연기가 오른다. 해가 지고 산 아래 폭 싸인 저녁마을이 나를 늘 인간에게 가까이 가도록 끌어당긴다.

일곱

그것이 진짠지 알지. 너그 생각들이 전부인지 알지. 하루 종일 가야 흙 한번 손발에 묻히지 않고 방구석에 앉아 하는 일들이 진짠지 알지. 그 논論들이, 그 설說들이, 그 평評들이, 그 예例들이 진짠지 알지. 거기선 인간을 따뜻하게 감싸고 눈물로 어루만지고 사랑으로 따독이는 인류애가 나오지 않음을 아는지. 거긴 희망이 없어. 도시에선, 저 시멘트와 아스팔트와 재빠른 삶 속에선 인간을 구원할 아무것도 나오지 않아. 그것이, 시방 너그들이 써대고 지껄이는 그 말들이 글들이 얼마나 밀폐되고 스스로 폐쇄시킨 감옥인지 너그들은 모르지. 못 배우고 가난하고 돈 없고 빽 없다고 너그들이 얼마나 사람들을 무시하고 까불었는지 너그들은 모르지. 지금도 그러고 있는지 너그들은 모르지. 네 앞에 네 생각 속에 있는 세상이 전부인지 알지. 이슬에 휜 풀잎을 보았니. 거기서 잦아드는 이슬과 제자리로 가만가만 돌아가는 풀잎의 자세를 보았니.

너그 그것이 진짠지 알지. 차를 타고 다니며 아파트 깊숙한 방에서 저 휘황한 거리에서 그 점잖음과 쓸데없는 편견에 인간의 냄새는 없어. 인간의 냄새는 땅에서 나올 뿐이야. 대지, 대지에 굳건히 딛지 않은 발은 허공을, 허방을 딛는 헛발이야. 땅으로 내려오너라. 땅에서만 창조가 있어. 사람의 꽃은 땅에서만 흙에서만 피어나 시들 줄 안다. 헛소리 같지만 신념과 믿음과 인간을 세울 수 있는 곳은 흙뿐이야.

니가 지금 쓰고 있고 생각한 것이 진짠지 알지. 문득 고개를 들어봐. 욕심과 욕망의 덩어리뿐인걸. 아마 그 글과 생각이 인간에게 무슨 소용인가 말이다. 너그들이 걷고 앉고 서 있는 그 밑에 땅이 숨

막혀 있어.

여덟
무지개와 뭉게구름은 자연이 만들어 하늘에 걸어둔 가장 향기로운 희망이며 절정에 다다른 도덕이다.

아홉
그래도 인간은 있어.

빈 들에서

한낮인데 날이 캄캄하다. 비가 오려나보다. 산골인데도 매연 섞인 안개가 앞산을 가리고 안개 속에서 아이들 떠드는 소리가 들린다. 가을비 오면 추워진다. 벌써 늦은 비였다. 햇살이 밝고 환하게 쏟아질 때면 빈 들이지만 그래도 아름다운 빛이 마른 지푸라기에 떨어지고 바람은 억새들을 흔든다.

내가 어렸을 때 이런 늦가을이면 어머니들은 작은 물이 흐르는 산골짜기 계곡에서 새우를 떴다. 무서리가 내리기 전 파란 풋호박을 넣고 끓인 새우찌개는 얼마나 보기도 좋고 맛도 있었던가. 비라도 부슬부슬 오는 날이면 동네 사람들은 동네 앞 작은 방죽들을 품어 미꾸라지를 잡고 산골 빈 논에 물이 고인 곳에 가면 어찌나 많은 가재들이 나와 기어다니던지 금세 주전자 가득 가재를 주워 담았다.

　아! 억새가 눈이 부시게 흔들리고 털린 짚단들이 쓸쓸하게 서 있는 빈 들에 서면 늘 가슴이 쓰라려온다. 평생 동안 나는 내가 태어나고 자란 곳에서 선생을 하며 산다. 나는 내가 살던 아름다운 산천이 만신창이가 되어 죽어가고 동무들이 떠나고 농촌이 무너지며 사람들의 마음이 무섭게 변해가는 것을 보았다. 가슴 아프고 쓰라린 세월이었다. 생각하면 눈물 나는 세월이었다. 지금 이 글을 쓰면서도 지난 몇십 년을 떠올리며 나오는 눈물을 감출 길이 없다.

　다 어디로 갔는가. 그 많던 미꾸라지와 새우와 가재와 물고기와 무지개는, 아지랑이는, 강변의 꽃 들은, 사람들은 다 어디로 갔단 말인가. 사람들이 웃고 떠들고 노래하며 농사를 짓던 땅은 묵어 칡넝쿨이 덮어버렸다. 봄이면 파랗게 자라던 보리밭은 어디 갔는가. 여름날 이른 아침 소를 끌고 강을 건너던 농부들은 다 어디 갔는가.

　가을이 와도 따지 못한 감들은 버려진 채 썩어가고 어머니는 벌겋게 떨어진 알밤을 홀로 다 줍지 못한 이야기를 하며 운다. 알밤나무 밑에서 알밤을 줍고 있는데 여기저기서 툭툭 알밤이 떨어지면 어머니는 "염병헌다 시방, 나보고 어쩌라고, 나 혼자 어쩌라고 저런다냐" 하며 눈물을 흘리신다. 이제 농촌은 이러지도 저러지도 못하는 사람들이 빈 들녘에 남아 개발과 보상이라는 희망만 안고 산다. 그런 농부들을 보면 나는 땅을 치고 싶다. 누가 저 정답고 푸근하고 정겨웠던 정자나무 밑을 황폐화시켜버렸는가. 개발과 보상이라는 미명으로 누가 한동네 사는 사람들의 정을 저렇게 파헤쳐버렸는가. 이제 돈이 된다면 어떤 것도 다 버리고 악을 쓰는 사람들을 만들어 버렸는가. 지나가는 나그네에게 밥을 주고 방을 내어주던 게 우리네 인심이었다. 이제는 마을회관에서 잠을 자도 사람들이 돈을 받으려 든다. 돈이 안 되면 악을 쓰고, 돈이 되면 또 저렇게 악을 쓰도록 인심이 변해버렸는가.

나는 절망한다. 잘 사는 게 이런 게 아니었다. 사람들이 모여 사는 것이 이런 게 아니다. 우리가 바라는 세상이 이런 것이었다면, 나는 차라리 가난한 옛날로 돌아가고 싶다. 그게 낫다. 가난해도 거긴 사람들이 있었다. 가난해도 거긴 인정이 있었고, 체면이 있었으며, 마을엔 늘 이웃 간의 웃음이 넘나들었고, 경우라는 게 있었다. 한마을에 태어나 그 마을에서 평생을 살며 이런저런 일로 다투고 싸움을 했으나 굿 치고 나면 다 화해가 되어 얼굴을 보고 눈 맞추며 웃었다. 마을에서 제일 무서운 것은 도둑질과 거짓말이었다. 날마다 얼굴을 맞대고 사는 사람들에게 거짓말은 그 사람 일생에 치명적이었던 것이다. 요즘처럼 이웃이, 이웃 동네 사람들이 이해득실에 따라 안면을 몰수하고 서로 반목하고 질시하고 다투진 않았다.

문제는 나라였다. 이놈의 나라, 이놈의 나라가 우리를 망쳤고, 이 땅의 지도자들과 정권에 빌붙어 '권력질'을 일삼는 지역의 토호들과 유지들이 나라를 이렇게 망쳤다. 생각해보아라. 내가 근무하는 학교 앞마을 낮은 다리는 여름만 되면 늘 물에 잠겨 사람들이 며칠씩 오고 가지도 못한다. 그 다리를 30년 동안 백 번도 더 넘게 놓았는데 말이다. 지금도 강을 건너는 다리는 감감하다. 대통령 선거, 국회의원 선거, 군수 선거, 도의원, 군의원 들이 자기가 당선되면 다리를 놓아준다고 큰소리를 쳤으나, 30년이 넘은 지금도 다리는 놓일 기미가 없다. 또 선거가 돌아오니 그 다리를 놓겠다는 사람들이 허공에다 대고 표를 달라고 주먹질을 할 것이다. (이 글을 쓸 때는 다리가 놓이지 않았으나, 이 글을 쓴 후 지금은 다리를 놓고 있는 중임을 밝힌다.)

지금 농촌은 개발에 미쳐 있다. 이게 나란가. 이게 정부가 있는 나란가. 자치단체들의 무분별한 관광지 개발에 혈안이 되어 농촌은 예산을 따오려는 사람들과 개발을 부추기는 건교부와 건설업자들의 광기에 휘말려 놀아난다. 여기도 관광지화한다, 저기도 개발한다. 공장이 들어선다. 찻길이 난다고 현혹하고. 한 군에 몇 개씩 싸구려 축제가 판을 치며 군민들을 문화에 눈멀게 하고 피땀 흘려 내는 구렁이알 같은 국민들의 혈세를 탕진한다. 이게 무슨 축제인가. 축제다운 축제가 어디 있는가. 늘어만 가는 '먹고 놀자 자기만의 축제'는 날이 갈수록 국민들을 천박하게 만든다. 솔직히 나는 벚꽃 몇 그루만 만발해도 겁이 덜컥 난다. 저기다가 또 무슨 축제를 벌이면 어쩌지, 그러면 안 되는데, 안 되는데 하는 조바심과 걱정으로 꽃이 걱정되는 것이다. 이 나라 산천에 흐드러지는 꽃이, 꽃이 아니라 걱정으로 보일 때가 있다는 말이다. 선거가 가까워지면 이곳저곳 펼쳐지는 개발의 청사진들은 휘황찬란하다. 그렇게 살아온 지 몇 해던가. 혹세무민이 따로 없다.

  강물은 곳곳이 파헤쳐져 죽어간다. 모든 국민들이 환경을 입에 달고 살아도 자기에게 이익이 되면 그 어떤 짓도 하고 자기와 상관이 없으면 강물을 닥닥 긁어 파도 외면한다. 모든 사람들이 보는 앞에서 강둑을 쌓으면서 강바닥을 닥닥 긁어도 누구 하나 나서서 말리지 않는다. 농민들의 생각은 눈곱만큼도 하지 않고, 작은 마을은 생각해주지 않고, 어마어마한 다리는 들을 건너가며 마을과 마을을 나누어버리고, 산을 건너는 다리는 마을의 균형을 깡그리 무시하며 놓인다. 다리 발 하나만도 못하게 작은 마을은 거대한 다리 발에 눌려 더욱더 초라해지고 왜소해진다. 전 국토를 시멘트로 초토화시키며 입만 열면 환경이요, 생태요, 지속발전 가능 운운이다. 이 나라는 이제 토목공화국이 되어가고, 개발공사로 들어가는 논과 밭 주인들은 보상에 눈이 멀어버린다. 모두 미쳐간다. 돈에 미쳐간다. 권력에 미쳐가고, 이문이 있는 곳에 사람들이 벌떼처럼 덤벼들어 인정사정없다. 이 모두가 부패한 권력과 썩은 관료들과 건설업자들이 만들어낸 것이다. 굴삭기의 으르렁거리는 소리 속에 더러운 정치자

금이 오가고 관료들과 건설업자들이 이리저리 접대와 뇌물을 주고받으며 나라가 망해간다. 부정과 부패가 고착화되고 일상화되고 권력화되어 상식을 잡아먹고 합리적인 사고를 죽여버렸다. 이렇게 부정과 부패가, 비리와 더러운 거래가 판을 치는데, 누가 이 나라에 투자를 하러 오겠는가. 뇌물이 아니면 그 어느 것 하나 안 되는 뇌물공화국에 누가 투자를 하러 온단 말인가. 관광지를 만든다고 예산을 이리저리 다 해먹고 유치하기 짝이 없게 산과 강을 뜯어고쳐 다시는 살아날 수 없도록 생태계를 파괴해놓고 생태하천이라 한다. 멀쩡한 자연을 뜯어고쳐 자연을 무참하게 파괴해가며 생태공원을 왜 만드는가. 가만히 두면 그냥 그게 생태공원이 되는데 왜 파헤치는가. 앞도 뒤도 위도 아래도 체면을 팽개쳐버린 파렴치한들이 판을 친다.

수십 년간 그렇게 농민들을 위해 휘황찬란하게 펼쳐온 농업 정책은 다 무엇이었던가. 어떤 사람들을 배불렸던가. 수십 년 동안 농촌 주택 개량에 퍼부은 돈이 얼마인가. 어떤 놈들이 그 돈으로 배가 불렀는가. 사람들이 돌아오는 농촌을 만든다고 수천억, 수조 원씩 퍼부었는데 그 돈은 다 어디로 갔단 말인가. 어떻게 했기에 이 나라에 온전한 농촌 마을 하나 보존하지 못했단 말인가. 가난한 농촌 마을에 가보아라. 마을에 가장 성한 것은 시멘트 길뿐이다. 아무리 생각해도 그 시골에 그렇게나 넓은 포장도로가 필요가 없는데도 길을 4

차선으로 포장해놓았다.

새마을운동이 벌어지고 농촌이 서서히 붕괴되어갔다는 것을 모르는 사람은 없다. 나라에서 하라는 대로 하면 틀림없이, 한 치의 오차도 없이 망해버린다는 것을 모르는 농민은 없다. 나라가 융자해준 돈으로 농사일을 성공시킨 사람은 새마을 성공 사례 속의 농부 말고는 없는 걸로 나는 알고 있다.

아버지는 소를 잘 키우셨다. 아침저녁으로 풀을 베어 소죽을 끓이고, 가을이면 산에서 풀을 베어 말려두었다가 겨울에 소를 먹였다. 방아를 찧은 보리겨와 쌀겨로 소를 살찌우셨다. 소를 키워 논을 사고 우리를 가르치셨다. 아버지에게 소를 키우는 일은 대단한 사업이었다. 우리 집처럼 모든 동네 사람들이 집집이 소를 키웠다. 여름날이면 강변에 벌건 소들이 한가롭게 놀았다. 강변은 자연스러운 동네의 공동 목장이었다. 해가 지면 아이들은 누가 뭐라 안 해도 소를 집으로 데려왔다. 커다란 소들을 앞세운 아이들의 귀가 모습은 전형적인 농촌의 저물녘이었다. 소를 따라 사람들이 다 집으로 들어왔다. 그러던 것이, 그 어느 때부턴가 집집이 소들이 늘어났다. 나라에서 축산 자금을 융자해준 것이다. 아무런 대책도 없이 소들이 늘어났다. 융자를 해주면 그 융자 돈에서 몇 프로씩을 자동적으로 떼어먹는 사람들이 있었다. 나중에 알고 보니, 융자를 받아 소를 키우기 시작하면서 그 사람들만 배가 불렀고, 소 값은 똥값이 되어갔다. 소 값이 똥값이 되어가면서 농촌은 망해가기 시작했다. 다 알겠지만, 그 무렵 대통령의 동생이라는 사람이 새마을을 짊어지고 가면서 미국 소를 들여다가 시골에 팔았다. 평원의 넓은 초원을 달리던 소들이 좁은 산중에 갇히니, 소들은 강 건너 산을 넘어갔다. 밤이 되어도 돌아오지 않는 소를 찾아 깊은 산속을 울며 헤매던 생각을 하면 지금도 분통이 터진다. 도둑놈들이다. 세상에, 그러고도 그들은 잘 살고 그 소를 키우던 농민들은 이렇게 나라로부터 소외되고 버림받으며 살고 있다. 농촌의 어머니들을 보라. 같이 사는 아들이 있는가. 며느리가 있는가. 손자가 있는가. 다 도시로 빼앗기고 지금도 이렇게 살과 피와 뼈 같은 벼를 불태우며 울부짖는다.

 모든 농사가 그렇게 망해가면서 농촌은 걷잡을 수 없이 붕괴되기 시작했다. 새마을의 일사불란한 군대식 구호 속에 농촌이 파괴된 것이다. 앞산 산비탈 밭에 감들은 얼마나 많았고, 품앗이로 밤을 새워 깎은 곶감으로 돈을 얼마나 벌었던가. 알밤은 또 어떠했는가. 앞산 산비탈 밭의 닥나무로 아버지는 또 돈을 벌었다. 닥나무가 어찌나 돈이 되었던지, 우리가 보리갈이를 하다 작은 닥나무 한 그루만 꺾어지게 해도 앞산이 무너지는 고함 소리를 들어야 했다. 닥나무 한 그루가 곧 돈이었다. 집에서 닭을 키우고, 구정물로 돼지를 키웠다. 그 돼지와 닭 들이 아이들 등록금이 되고 살림 밑천이 되었다. 이젠 농가에서 닭과 돼지와 소 들이 모두 사라져버렸다. 그렇게나 소들이 좋아했던 강변 풀밭에 그 누구의 손길도 가지 않는다. 불볕 속에서도 산이, 강물이 흔들리게 웃어가며 콩을 심고 콩밭을 매던 사람들은 다 어디 갔는가. 날이 저물면 강길을 따라 집으로 돌아오던 그 싱싱한 발걸음들은 다 어디 갔는가. 콩밭도, 목화밭도, 밤도, 감도, 보리도, 밀도, 강물에 고기들도 다 사라졌다. 이제 쌀이 또 사라진다. 농사를 짓지 않으면 돈을 준다. 이렇게 우리의 곡식과 우리의 과일과 우리의 식구 같았던 집짐승들을 무시하고 내쫓고도 우리가 무사할 수 있단 말인가. 이건 나라가 아니다.

농업 정책은 정책이 아니었다. 10년, 20년을 내다보지 못하고 언 발에 오줌 누기 식으로 밀어붙이는 것은 정책이 아니다. 그 좋은 머리를 가졌다는 사람들이 왜 몇십 년 계획을 세우지 않는가. 우리에게는 왜 장기적인 계획이 아무 곳에서도 이루어지지 않는가 말이다. 권력만 잡으면, 돈이 모이는 곳에만 가면 물불을 가리지 않고 한탕 해서 평생을 먹고살겠다는 이 썩은 정치세력을 바꾸어야 한다. 그 세력 속에 무사안일로 나라의 주인 행세를 하는 썩은 공무원들을 골라내야 한다.

마흔 가구가 넘던 우리 마을이 다 비었다. 이제 겨우 열세 가구 30여 명이 산다. 동네는 조용하고 적막하다. 아이들 울음소리가 사라진 지 오래고, 깊은 밤 들고양이들의 울음만 음산하다. 마을에서 학교 가는 아이들이 사라진 마을들이 허다하다. 빈집들은 쓰러져간다. 아! 허물어진 빈집 앞에 서보았는지. 쓰러져가는 기둥과 허물어진 흙벽과 무너지는 지붕 위로 서까래가 드러난 집 앞에 서서 옛날을 생각해보았는지. 집도 없는 빈 집터가 텃밭이 된 채 시커먼 굴뚝 자국 옆에 도라지가 자라 꽃이 핀다. 소막 자리에서 메밀이 자라고, 부엌 자리가 남았는데 부추가 자란다. 달이 뜬 밤, 달빛 아래 빈 집터에 서서 울어보았는지. 이제 나락 가마니 하나 뽈껑 들어 경운기에 올릴 사람이 없다. 그래도 사람들은 봄만 되면 논에 못자리를 하고 모를 심어 벼를 가꾼다. 그리하여 그들의 피땀 어린 벼가 길바닥에 버려진 것이다. 저곡가와 저임금을 들먹이기도 이제 미안하다. 몇십 년 동안 신물이 나게 그놈의 소리를 듣고 살았다.

1973년에 내가 근무하는 시골 학교 학생 수가 700여 명이었다. 우리 동네에서 나는 날마다 아이들과 강길을 걷고 들길을 걸어 학교에 오갔다. 아침밥을 먹고 있으면 아이들이 우리 집 담 너머로 선생님을 불렀다. 나는 아이들과 함께 학교에 오갔다. 즐겁고 재미있는 등굣길이었다. 오랜 세월 그 길을 걸었으나, 언젠가부터 아이들이 내 곁에서 점점 줄어들었다. 새 학기가 시작된 어느 날 나는 우리 교실 유리창에 머리를 대고 서서 선생으로만 20년이 넘게 걸어다녔던 그 강길을 보고 있었다. 그런데, 아! 그런데 그날 아침 나는 혼자 학교에 왔다는 것을 그때야 알았다. 동네에서 아이들이 사라졌던 것이다. 세상에 어떻게 마을에서 아이들이 사라져버린단 말인가. 나는 아이들이 사라진 그 아름다운 강길을 보며 울먹였다. 그렇게 학교도 사라지고 있는 것이다. 모든 것들이 다 어디로 갔는가. 이렇게 마을이 텅 비고 농촌이 망했다면 그 망한 밑천으로 누군가는 부자가 되어 배부른 곳이 있으리라.

　서울과 시골 우리 집을 하루 만에 오가면 나는 희한한 생각에 사로잡힐 때가 있다. 서울과 우리 동네가 너무나 다른 나라 같은 것이다. 사람들이 호랑이가 무서워 모여 살지는 않을 것이다. 사람들이 나라를 이루어 모여 살 때는 그만한 이유가 있을 것이다. 사람들이 모여 사는 아름다운 공동체를 잃어버린 나라는 머지않아 그 존재의 가치를 잃어 붕괴될 것이다. 아니 지금 우리는 진즉 정신적으로 병들어 죽어가고 있다. 우리나라의 이 극단적인 양극화 현상이 우리를 한꺼번에 망치게 하리라는 불안감이 때로 나를 엄습한다. 도시와 농촌, 있는 사람과 없는 사람의 차이가 점점 벌어지고 젊은이들은 이제 아예 장가를 들지 않으려 하고 시집을 가려 하지 않는다. 도대체 이따위 나라에서 누가 사랑하는 여자와 결혼을 하고 아이들을 낳아 기르고 교육시키려 들겠는가. 우리에게 희망은 있는가 말이다. 말해 무엇 하겠는가. 나도 그 마을을 떠나 전주에 산다. 곧 내려갈 것이다. 내려가 나는 다시 우리의 남은 농촌에 대한 글을 쓸 것이다.

　마을길도 넓히고 초가집도 없앨 때 이은 슬레이트 지붕같이 우중충한 마을에 나이 드신 어른들이 굽은 뼈를 일으키고 병든 몸으로 오늘도 나락을 널고 담는다. 언제 나라 믿고 살았더냐. 뼈가 휘게, 삭신이 문드러지게 평생 땅을 파며 살았다. 그러나 돌아온 것은 늘 빚더미였다. 새벽 논두렁에 나가 땀과 이슬로 몸과 옷을 적시며 살아왔다. 그러나 다시 보아라! 수십 년 동안 우리들을 위해 투자한 돈은 다 어디 갔는가.

생각하면 생각할수록 부아가 치밀어오른다. 치밀어 오르는 부아대로라면, 할 수만 있다면, 그럴 수만 있다면 이 나라를 떠나고 싶다. 바뀌어야 한다. 이 나라의 정치와 경제가, 문화가, 사회가 바뀌어야 한다. 이대로는 안 된다. 비리와 부정과 부패가 국민들의 혈세를 자기 돈으로 알고 헛돈을 쓰는 이 땅의 모든 관료들을 혁신하지 않고는 아무것도 안 된다. 스물두 갠가 스물세 갠가 되는 각 부를 재점검하라. 변화해가는 세계를 따라가지 못하는 이 썩은 국가기관을 개혁하지 않고는 아무것도 안 된다. 국민 알기를 개떡으로 알고, 국민의 생각이 옳으면 오기를 부리고 땡깡을 놓고 보복을 한다. 국가기관이 하는 일을 비판하거나 대안을 내놓으면 그 군은, 그 면은, 그 마을은 반드시 보복을 당한다. 예산을 주지 않는 것이다. 이게 우리의 무지막지한 관료조직이었다. 지금도 그러지 않다고 보는 사람이 있으면 손들고 한번 나와봐라.

경제우위 정책에 따라 농민들은 아무런 경제성이 없게 되었다고 한다. 값싼 농산물을 수입해서 먹으면 된다고 한다. 나라에서는 벼

농사를 적극적으로 말린다. 그리하여 국민들이 논과 밭 알기를 강변 자갈돌보다 못하게 취급한다. 이 세상에 이렇게 무지막지하게 농사를 짓지 못하게 하는 나라가 어디 있단 말인가. 다시 말한다. 이게 나라가 할 일인가. 이게 정책인가. 사실상 농민, 농업 정책을 포기하고 이렇게 모든 농산물을 외국에 의존하다가, 그러다가, 이 나라 모든 땅이 골프장이나 공장 부지나 아파트나 도로가 되어 있을 때, 다른 나라에서 농산물을 가져올 수 없다면 우리는 무엇을 먹고 산단 말인가.

우리가 사는 이 나라가 지금처럼 농민, 농업을 무시하는 정책으로 일관해간다면 우리에겐 희망이 없다. 희망을 농사에서 찾게 해야 한다. 우리가 잃어버린 인간정신도, 우리가 팽개친 행복도, 농촌에서 찾아야 한다. 아름다웠으나 사라진 작은 마을들의 농촌공동체 정신 속에서 우리는 오늘의 문제를 찾아 해결해야 한다. 빌딩들이 하늘을 찌른다고 해서 우리는 지금 행복한가. 휘황찬란한 불빛이 세상을 비춘다고 우리는 지금 그 불빛만큼 행복한가. 행복의 기조를 바꾸어야 한다. 부정과 부패로 혈세가 세고, 한 치 앞의 희망도 보이지 않는 불안한 사회에는 순간과 찰나를 모면하려는 퇴폐가 홍수를 이룬다. 이벤트로 나라를 이끌어가고 이벤트를 무슨 정책으로 생각하는 관료와 정치집단 들은 각성하고, 모든 갈등을 부추기는 이 나라 모든 언론들도 대오각성하라. 이 나라는 그 어느 집단의 나라도 아니다. 정치집단이나 관료집단이나 언론집단 들이 하는 짓을 보면 참으로 가소롭다. 초등학교 2학년 아이들도 그렇게 유치하게, 속보이게, 천박하게 자기를 드러내지는 않는다. 우리 모두 지혜와 슬기를 모아 머리를 맞대고 나라의 장기적인 계획의 틀을 마련해야 한다. 아름다운 국토와 아름다운 인정과 일과 놀이 문화를 스스로 만들어 삶의 활력으로 삼을 줄 알았던 농촌, 농민들의 삶에서 오늘날 우리의 뒤틀리고 병들고 썩어빠진 나라를 구하는 답을 찾아야 한다.

잘사는 게 무엇인가. 행복한 게 무엇인가. 자유와 평등과 평화의 인류정신이 무엇인가. 지금 세계는 전쟁과 테러와 자연의 재난과 재앙 속에 하루도 안심하고 살 수 없는 불안 속에 놓여 있다. 자원은 낭비되고, 하늘은 뚫려 빙하는 녹고, 종교는 타락하고, 강대국들의 욕심은 질병과 기아에 허덕이다 죽어가는 인류의 가난을 외면한다. 잘사는 것이 인류를 죽음의 구렁텅이로 몰아가는 것이라면 당장 잘사는 것을 거두어야 한다. 잘살다가 처참하게 함께 죽느니, 가난하게 함께 사는 것이 옳지 않은가. 진정한 인류애가 아름다운 금수강산인 이 한반도에서 싹트기를 나는 간절히 원한다.

끝이 없어서 결코 이룰 수 없는 부 대신 가난을 돌보는, 같이 사는 평등 정신을, 생명을 파괴하는 무자비한 건설 대신 생명을 자기 목숨처럼 생각하는 푸른 생명 정신으로, 돈으로 세상을 고치려는 천박한 이기주의와 탐욕과 오만 대신 사람과 사람의 마음을 잇는 아름다운 공동체가 숨쉬는, 평화의 정신이 강물처럼 넘치는 세상의 가치로 바꾸어가야 한다.

진리와 진실, 정직이 통하는 인간세상을 만들어가야 한다고 생각하는, 인류의 미래와 희망을 가르치는 교사로서, 세상의 아픔과 아름다움과 자연의 이치를 거스르지 않고 사는 작은 마을의 눈물겨운 인정을 노래해온 시인으로 고향에서 사는 것이 가슴 아픈 고통의 세월이었다.

희망을 잃어버린 우리 아버지와 어머니의 삶은 나의 눈물이었다. 수천 년 동안 가꾸어온 땅과 마음이 몇십 년 사이에 무너지고 파괴되었다. 그 속에 내가 있었다. 보아라! 사람들아! 저 빈 들판의 적막과 저 단풍 물들어가는 산과 강을 보아라! 얼마나 아름다운 산천인가. 무엇 하나 부러운 것 없을 것 같은 이 축복의 땅을 더이상 더럽히지 말자. 죽이지 말자. 무엇이 잘사는 것인가. 우리가 저 땅에 지금 무슨 욕된 짓들을 하는가. 저 아름다운 산천을 닮은 인정 넘치는 정겨운 사람들을 어찌 우리들 속에서 몰아내고 죽이는가. 저 아름다운 산천을 외면하고 잘 먹고 잘살다가 죽은들 그게 무슨 소용이란 말인가. 도시의 아파트 한 동 한 라인에 사는 사람 숫자만큼도 저 작은 동네 사람들을 외면하고 우리가 잘살면 얼마나 잘살고 행복하면 또 얼마나 행복하겠는가.

아이들이 다 돌아가고 산그늘이 내린다. 나는 산그늘을 좋아했다. 바람이 부는지 운동장으로 낙엽들이 굴러다닌다. 앞산 아래 작은 마을에 불 때는 집이 있는지 연기가 오른다. 집으로 가고 싶다. 저 연기가 우리들을 행복하게 해주는 희망의 신호가 되어야 한다. 나는 그래도, 그렇다고 해도 지금 빈 들을 향해 간다.

· · ·

이 글은 아무 형식 없이 생각나는 대로 쓴 글이다. 나는 오랫동안 초등학교 2학년을 가르치면서 살아왔다. 몸도 마음도 초등학교 2학년 수준이라고 스스로 생각하며 살고 있다. 어른들이 하는 짓보다 그 나이가 내게 맞는다는 생각에서다. 어른들이 이룬 것 중에 어린이들을 위한 것은 별로 없다. 나는 날마다 아이들에게 연필을 왜 그렇게 잡느냐, 인사를 바르게 해라, 사람이 그렇게 고자질을 하면 안 된다, 복도에서 뛰지 마라, 밥을 왜 그렇게 먹느냐, 숟가락을 바르게 잡아라 이런 말들을 하며 거기에 희망을 두고 살아서 나는 쪼잔하고 쩨쩨하다. 이 글은 부아가 치밀어 쓴 글이다. 정제되지 못한 글임을 밝혀둔다. 이 글을 읽는 독자들에게 미안하다는 말씀을 드리고 싶다. 동시에 내 진심을 이해해주리라 믿는다. 부아가 나면 무슨 짓인들, 무슨 말인들 못하겠는가. 글을 쓰다가 내가 내게 부아가

치밀어오르고 우리가 살아온, 살고 있는, 살아갈 일을 생각하니, 이 나라 구석구석이 다 부아가 치밀어오르고 눈물이 나왔다.

일제강점기와 원통한 분단과 오랜 군부독재, 그리고 썩을 대로 썩은 정치집단들에 의한 동서 갈등과 낡을 대로 낡은 이념 갈등이 우리의 정신을 아름답게 가꾸고 닦을 수 없도록 더럽게 좀먹어왔다. 그러다보니 나도 너도 어찌 그리 쪼잔한 생각들을 하는지, 놀랍다. 쭈그러들고 오그라진 이 마음들을 펼 때가 되었다. 이 두꺼운 구각舊殼을 깨뜨리고 새로운 생각을 갖지 않으면, 그러지 않으면 나라가 망한다. 누가 이런 나라를 오래오래 좋아해주겠는가. 싸울 것을 갖고 싸워라. 이런 생각을 하다보니, 부아가 치밀어올라왔던 것이다. 진정으로 우리 사람답게 한번 잘 살아보자. 내가 하고 싶은 말은 결국 이 말이다.

제2부

―――

사라져가는 작은 것들

저기, 나비 봐라

진메 마을 곳곳에 언 땅이 다 녹고 뜬 땅이 다 가라앉고 골짜기에 얼음들이 녹을 대로 다 녹아 봄물 소리가 들리면 강변엔 아지랑이가 아롱거리고 버들강아지가 피어난다. 계집아이들은 언니들을 따라 강 건너 밭으로 나물 바구니를 들고 나물을 캐러 간다. 이렇게 봄이 오면 모든 나비와 곤충은 물론이고 강물에 고기들도 풀려나왔다.

사람들은 첫봄에 벌을 먼저 보면 그해는 부지런히 살겠다고 했고, 뱀을 먼저 보면 게으르겠다고 했으며, 흰나비가 강물을 건너오는 것을 보면 그해에 어머니가 죽는다고 했다. 그래서 우리는 나비를 보고도 보았다고 하지 않고 "저기, 나비 봐라"라는 말을 하지 않았다.

추운 겨울, 눈과 얼음과 찬바람 속 어디에 있다가 벌과 나비와 온갖 곤충들이 살아 나오는 것일까. 모기는, 나비는, 벌들은, 메뚜기들은 도대체 어디에 있다가 살아 나오는 것일까. 벌과 나비와 뱀을 가지고 그해의 길흉을 생각하는 것을 보면 봄이 되어 가장 먼저 눈에 띄는 곤충이 벌과 나비였던 모양이다.

우리나라 나비는 여덟 과로 나뉜다고 한다. 팔랑나빗과, 호랑나빗과, 흰나빗과, 뿔나빗과, 부전나빗과, 왕나빗과, 뱀눈나빗과, 네발나빗과가 그것이다.

뜨거운 여름철 강기슭에는 한 평도 안 되는 하얀 모래밭들이 여기저기에 많다. 물이 크게 불었을 때 모래를 가져다가 물이 도는 곳에 쌓아둔 모래밭이다. 우리는 강에서 목욕을 하거나 고기를 잡다가 똥이 마려우면 바위 위보다는 작은 모래밭을 찾아가 똥을 쌌다. 바위 위에 뽈깡 쭈그려 앉아 일을 보는 것도 기분 좋은 일이었지만 강가 외진 곳 모래밭에 앉아서 손가락으로 모래 장난을 하며 일을 보는 게 더 좋았다. 모래밭가에는 풀이 우북하게 자라 있어서 여러 모로 안전(?)했다. 반짝이는 모래밭에서 안전하고 시원하게 볼일을 보고 물로 기어들어가면서 뒤돌아보면 금세 호랑나비들이 날아들었다. 나비들은 조금 오래된 똥에 앉거나 새 똥에 앉아 그 예쁜 날갯짓을 했다. 그것도 한두 마리가 아니라 떼로 날아들었다. 호랑나비들은 똥 위에 앉았다 날았다 했는데 우리는 살금살금 기어가 모래를 뿌리며 나비떼를 쫓기도 하고 잡기도 했다.

우리나라에 사는 호랑나비의 종류는 모두 15종이 있으나 남한에서는 13종을 볼 수 있다고 한다. 애호랑나비, 꼬리명주나비, 모시나비, 사향제비나비, 청띠제비나비, 산호랑나비, 호랑나비, 남방제비나비, 긴꼬리제비나비, 제비나비, 산제비나비 등이 있다.

흰나빗과에 해당하는 나비들은 떼를 지어 날기도 하고, 두 마리가 짝짓기를 하기 위해서 날아가는 모습을 흔히 볼 수 있는데 대체로 몸집이 작다. 북방기생나비, 기생나비, 노랑나비, 남방노랑나비, 극남노랑나비, 상제나비, 멧노랑나비, 각시멧노랑나비, 줄흰나비, 큰줄흰나비, 배추흰나비, 풀흰나비, 갈구리나비 등이 있다. 모든 나비 날개를 잡으면 다 그렇듯이 이 흰나비들의 날개를 잡으면 손끝에 희고 반짝이는 것들이 묻어난다.

여름날 길을 걷다 보면 산수국 꽃잎같이 작은 나비들이 길에 앉았다가 사람에 앞서서 가만가만 날아간다. 사람의 발걸음만큼 자꾸 앞서 바람 따라 날아 땅에 앉는 이 눈부신 나비는 부전나비다. 색깔도 꼭 산수국 꽃빛이다. 꼭 거짓말처럼 예쁘게 생겨서 손으로는 잡히지 않을 것 같은 이 부전나비는 선녀부전나비다.

부전나비의 종류도 대단히 많다. 붉은띠귤빛부전나비, 금강산귤빛부전나비, 암고운부전나비, 시가도귤빛부전나비, 참나무부전나비, 긴꼬리부전나비, 담색긴꼬리부전나비, 물빛긴꼬리부전나비, 깊은산녹색부전나비, 북방녹색부전나비, 암붉은점녹색부전나비,

작은녹색부전나비, 검정녹색부전나비, 은날개녹색부전나비, 큰녹색부전나비, 산녹색부전나비, 금강산녹색부전나비, 넓은띠녹색부전나비, 민꼬리까마귀부전나비, 참까마귀부전나비, 까마귀부전나비, 꼬마까마귀부전나비, 벚나무까마귀부전나비, 북방까마귀부전나비, 범부전나비, 쌍꼬리부전나비, 쇳빛부전나비, 큰주홍부전나비, 작은주홍부전나비, 바둑돌부전나비, 담흑부전나비, 남방부전나비, 먹부전나비, 암먹부전나비, 극남부전나비, 푸른부전나비, 산푸른부전나비, 작은홍띠점박이푸른부전나비, 큰홍띠점박이푸른부전나비, 큰점박이푸른부전나비, 고운점박이푸른부전나비, 산꼬마부전나비, 부전나비, 산부전나비 등이 있다. 부전나비는 다른 나비보다 암수의 구별이 뚜렷하며 색깔이 같은 게 거의 없는 것이 특징이다.

여기 적은 모든 나비들이 우리 동네에 다 산다고 나는 말하지 못한다. 그러나 나비들의 사진을 가만히 들여다보면 거의 다 동네 어디선가 본 것들이다.

뿔나빗과에 속하는 나비는 우리나라에 단 한 종만 있다. 그 이름은 뿔나비다.

네발나빗과에 속하는 나비의 종류는 무척 많은데 우리나라에는 68종 정도가 있다고 한다. 네발나빗과에 속하는 나비들은 몸집은 작은 편이나 화려하고 아름다운 나비들이 많으며 민첩하게 날아다닌다. 암어리표범나비(네발나빗과에 속하는 나비 이름들 중에 표범이라는 이름이 많이 붙는데, 나비 날개가 마치 표범 몸뚱이 색깔과 비슷하기 때문이다), 금빛어리표범나비, 어리표범나비, 담색어리표범나비, 산꼬마표범나비, 작은은점선표범나비, 큰은점선표범나비, 작은표범나비, 큰표범나비, 흰줄표범나비, 큰흰줄표범나비, 암검은표범나비, 구름표범나비, 은줄표범나비, 왕은점표범나비, 암끝검은표범나비, 줄나비, 참줄나비사촌, 제일줄나비, 제이줄나비, 제삼줄나비, 왕줄나비, 굵은줄나비, 홍줄나비, 애기세줄나비, 높은산세줄나비, 세줄나비, 참세줄나비, 별박이세줄나비, 왕세줄나비, 황세줄나비, 중국황세줄나비, 산황세줄나비, 두줄나비, 어리세줄나비, 거꾸로여덟팔나비, 북방거꾸로여덟팔나비, 네발나비, 산네발나비, 신선나비, 갈구리신선나비, 쐐기풀나비, 들신선나비, 청띠신선나비, 작은멋쟁이나비, 큰멋쟁이나비, 남색남방공작나비, 공작나비, 먹그림나비, 오색나비, 황오색나비, 번개오색나비, 수노랑나비, 은판나비, 밤오색나비, 유리창나비, 흑백알락나비, 홍점알락나비, 왕오색나비, 대왕나비.

뱀눈나빗과에 속하는 나비들은 색깔이 어둡고 나무숲이나 그늘 같이 어두운 곳에서 주로 산다. 날개에 뱀눈 모양의 섬뜩한 무늬가 있다. 흰뱀눈나비, 큰산뱀눈나비, 애물결나비, 물결나비, 석물결나비, 외눈이지옥사촌나비(이 으스스한 이름의 나비 날개는 이름만큼이나 칙칙한 색깔인데 윗날개에 점이 뱀눈처럼 하나씩 찍혀 있다), 외눈이지옥나비, 함경산뱀눈나비, 참산뱀눈나비, 산굴뚝나비, 왕그늘나비, 굴뚝나비, 뱀눈그늘나비, 눈많은그늘나비, 먹나비, 알락그늘나비, 먹그늘나비, 먹그늘나비붙이, 부처사촌나비, 도시처녀나비, 시골처녀나비.

팔랑나빗과에 속하는 나비들은 매우 작다. 독수리팔랑나비와 큰수리팔랑나비, 대왕팔랑나비, 왕팔랑나비, 푸른큰수리팔랑나비만 조금 크다. 멧팔랑나비, 왕자팔랑나비, 흰점팔랑나비, 꼬마흰점팔랑나비, 수풀알락팔랑나비, 지리산팔랑나비, 파리팔랑나비, 수풀꼬마팔랑나비, 돈무늬팔랑나비, 꽃팔랑나비, 황알락팔랑나비, 은줄팔랑나비, 수풀떠들썩팔랑나비, 유리창떠들썩팔랑나비, 검은테떠들썩팔랑나비, 산줄점팔랑나비, 산팔랑나비, 줄점팔랑나비, 제주꼬마팔랑나비.

나비는 가녀린 날개와 몸을 가지고 있지만 1억 3천만 년 전부터 이 지구상에 존재해왔다고 한다. 우리나라에 살고 있는 나비의 종류는 아카데미 서적에서 출간된 『한국나비도감』에 따르면 모두 191가지에 이른다고 나와 있다.

조금은 지루하기도 하지만 이따금 이 책을 넘기며 나비의 이름들을 보고 있노라면 나는 마치 우리나라 산야에다 코를 박고 있는 듯한 신선함을 느끼곤 한다.

집 앞 미나리꽝 잠자리

우리가 어렸을 적에 집 앞 미나리꽝에는 잠자리들이 참 많았다. 잠자리를 잡기란 대단히 어려웠다. 잠자리는 눈이 어찌나 큰지 앞과 뒤 그리고 옆을 다 볼 수가 있기 때문에 아무리 숨을 죽이고 살금살금 다가가 잡으려 해도 소용이 없었다. 그래서 우리는 잠자리를 낚았다. 연필만한 긴 나무막대기 끝에다 한 발쯤 되는 실을 매달고 실 끝에다 파리를 잡아 달아맸다. 그러고는 잠자리가 많이 있는 곳에 가서 바람을 이용해 실을 날리면 잠자리들이 재빨리 날아와 파리를 물었다. 그러면 우리는 서서히 실을 잡아당겨 잠자리를 잡았다. 몸뚱이가 하늘색인 밀잠자리였다. 가장 씩씩하고 힘 있게 날아다니는 잠자리였다.

늦여름 석양빛에 날개를 반짝이며 떼로 나는 잠자리는 메밀잠자리다. 현재 밀잠자리는 많이 없어져 귀하지만 메밀잠자리는 지금도 많다. 잠자리에는 방울실잠자리, 색깔이 까만 검은물잠자리, 마아키측범잠자리, 쇠측범잠자리, 노란 띠가 예쁜 어리장수잠자리, 부채장수잠자리, 고추잠자리, 노란색이 예쁜 배치레잠자리, 큰밀잠자리, 날개띠좀잠자리, 여름좀잠자리, 고추좀잠자리, 두점박이좀잠자리, 애기좀잠자리, 깃동잠자리, 노란잠자리, 노란허리잠자리, 된장잠자리 등이 있다. 이 잠자리들은 우리 마을에 있는 잠자리들이다. 요즘 잠자리들이 많아졌다. 농약 때문에 제비들이 줄어들어 잠자리 번식이 왕성하기 때문이다.

섬뜩했던 송장메뚜기

봄철 한창 낚시가 잘될 때나 여름철 물이 불어 고기가 잘 물 때 우리는 주로 거미나 귀뚜라미, 메뚜기, 지렁이를 미끼로 해서 고기를 낚았다. 메뚜기나 귀뚜라미가 나오기 전에는 강변 풀밭에 있는 거미를 페니실린 병에 가득 잡아 호주머니에 넣고 다니며 고기를 낚았다. 아니면 지금은 씨도 찾을 수 없는, 물속 바위에 붙어사는 물버러지를 잡아 미끼로 사용했다.

몇 해 전에 익산 미륵사지를 구경하러 간 적이 있는데 가을철이라 그 미륵사지 탑 둘레 풀밭에 어찌나 메뚜기가 많던지 탑 구경은 대충대충하고 식구들 모두 빈 술병에다 메뚜기를 가득 잡아 집에 가지고 와서 볶아먹은 적이 있었다.

모내기철에 모판에 모를 찌다보면 예쁜 아기메뚜기들이 참 많았다. 가을철 벼를 벨 땐 그 메뚜기들이 다 커서 볏잎이나 나락 모가지에 많이 붙어 있었다. 모 찌기를 다 해가면 메뚜기들이 파랗게 몰려 있었는데 손으로 휙 낚아채면 한 주먹씩 잡혔다. 손바닥 안에서 꼬물거리던 그 아기메뚜기들, 벼를 벨 때는 다 큰 메뚜기들이 논에 있는 벼를 거의 다 베어갈 때 한곳에 몰려 있다가 마지막 벼 포기를 베면 투두둑투두둑 논두렁으로 날고 뛰었다. 엄청 많았다. 어른들이 벼를 베는 동안 우리는 논두렁에 있는 강아지풀을 뽑아 메뚜기를 잡아 꿰어가지고 집에 와서 구워먹거나 볶아먹기도 했었다. 어떤 때는 학교에서 집에 오는 길에 메뚜기를 술병 가득 잡아와서 우리끼리 볶아먹기도 했다.

여름철에 비가 많이 와 물이 불어나면 강변 풀밭에 있는 거미, 귀뚜라미, 땅강아지들이 불어나는 물에 쫓겨 강가로 강가로 몰려나왔다. 그러면 우리는 귀뚜라미나 메뚜기를 잡아 고기 낚는 미끼로 사용했다.

메뚜기목에 속하는 곤충들은 대개 암컷보다 수컷이 턱없이 작다. 메뚜기도 그렇고 방아깨비도 그렇다. 어찌나 작은지 짝짓기할 때 보면 아기를 업고 노는 것처럼 보인다. 메뚜기목에 속하는 곤충들을 또 여기에 적어보자.

땅강아지, 애귀뚜라미, 왕귀뚜라미, 실베짱이, 큰실베짱이, 검은 다리실베짱이, 날베짱이, 줄베짱이, 여치, 갈색여치, 중베짱이, 점박이쌕쌔기, 베짱이, 섬서구메뚜기(이 메뚜기를 우리는 기름쟁이라고 했다. 메뚜기 중에 가장 살이 많다), 방아깨비, 강변메뚜기. 이 강변메뚜기를 우리는 송장메뚜기라고 불렀다. 송장메뚜기라고 부르는 이 메뚜기는 그 외에도 많은 종류가 있어서, 산속 너덜경이나 바위에 사는 메뚜기들도 우린 다 똑같이 송장메뚜기라고 불렀다. 우리 동네 강변에 사는 이 송장메뚜기는 흙색이거나 기분 나쁜 회색이었다. 이 메뚜기는 메뚜기 중에서 가장 컸는데 웬만한 어른들의 엄지손가락보다 컸다. 이 메뚜기는 행동이 매우 느리고 우리 눈에 잘 띄지 않았는데, 항상 해가 다 지고 땅거미가 막 내린 후 어둑어둑할 때 강변을 날아다녔다. 그리고 상당히 높이 오래오래 강변을 날아다녔는데 날아가는 소리가 아주 특이했다. "쎄에쎄에쎄에" 하며 날았다. 크고 기분 나쁜 소리였다. 쎄에쎄에 할 때마다 한 단씩 훌쩍 높이 날아올랐다가 내려오곤 했는데, 그 소리가 날 때 메뚜기를 보면 속날개가 그렇게 기분 나쁜 색깔일 수가 없었다. 속날개의 색깔은 진분홍색이었는데, 섬뜩하고 으스스했다. 해 질 녘 어둠 속에서 이 메뚜기가 날면 우린 무서웠다. 마치 해 저문 날 성황당에 감긴 색색의 천 같았다. 어떤 땐 머리끝이 쭉쭉 섰다. 지금도 그 메뚜기를 생각하면 무엇인가 으스스하고 음습한 기분에 사로잡히곤 한다. 매우 기분 나쁜 메뚜기였는데 이 메뚜기가 날면 비가 왔다. 지금은 어디에서도 이 메뚜기를 보지 못한다.

등검은메뚜기, 콩중이, 딱다기(이 딱다기는 방아깨비와 모양은 비슷하나 때때때 하며 날아다니기도 하고 방아깨비 등 위에 업혀 있기도 하는데, 방아깨비의 수놈인 듯도 하다. 날아다닐 때 때때때 하는 소리를 내서 우리는 이 메뚜기를 때때기라고 했다), 끝검은메뚜기, 팔중이, 벼메뚜기, 벼메뚜기붙이, 땅메뚜기, 두꺼비메뚜기, 북방밑들이메뚜기, 팔공산밑들이메뚜기, 모메뚜기(이 메뚜기는 갈색이며 매우 길이가 짧다. 뛸 때 보면 마치 벼룩처럼 통통 튄다) 등도 있었다.

이울양반 뽕알, 이울양반 뽕알

매미의 종류는 그리 많지 않다. 매미들은 7년간 땅속에서 굼벵이로 있다가 매미가 되어 땅 위로 나와 일주일 동안 산다. 일주일 동안 살면서 수매미는 죽어라 운다. 사람들은 매미가 운다고 하나 사실 이 매미 우는 소리는 일주일 동안 살며 짝짓기를 하기 위해 암놈을 부르는 소리다. 일주일 동안만 살기 때문에 그렇게 기를 쓰면서 우는 거다. 암놈은 '버버리(벙어리)매미'라고도 하는데, 암놈은 울지 못한다.

매미 중에서 제일 일찍 우는 매미를 우리는 찌매미라고 부른다. 이 찌매미의 종류는 두 가지이다. 털매미와 늦털매미다. 대개 찌이— 찌이— 찌이 하고 우는데 제일 일찍 태어나서 제일 늦게까지 산다. 행동이 제일 굼떠서 잡기가 쉽다.

이 매미는 밤에 불을 켜놓으면 날아와 아무 데나 붙어 운다. 요즘 서울 가로수에서 울어대는 매미 때문에 도시 사람들이 잠을 못 잔다는데 잠 못 들게 하기는 시골에서도 마찬가지다. 이 매미를 우리는 와가리라고 하는데 정식 이름은 말매미다. 말매미는 한여름 한낮에 느티나무에서 가장 많이 운다. 울음도 계속 우는 게 아니라 와그르와그르 울다가 뚝 그쳤다가는 또 합창하듯 와그르와그르 운다. 느티나무 아래에서 모두들 낮잠을 잘 때, 잠이 들 만하면 이놈들이 와그르르 울고, 깜박 잠이 들려고 하면 또 와그르르 우는 바람에 동네 사람들은 이놈의 매미를 제일 싫어했다. 우리는 말매미잡이를 제일 좋아했는데 이놈은 눈치가 어찌나 빠른지 손으로 덮쳐 잡기가 여간 힘든 게 아니었다. 그래서 우리는 저릅대(겨릅대, 삼껍질을 벗겨낸 하얀 심대) 끝을 구부려 아기들 손바닥만한 삼각형을 만든 다음 왕거미의 집(거미줄)을 그 삼대 삼각형에 감아 매미를 잡았다. 왕거미줄은 굉장히 찐득거려 참새도 날아가다 걸리면 날지 못할 정도였다.

매미 중에 가장 잡기 힘든 것은 참매미다. 이 매미는 맴맴맴맴 하고 우는데 아침 일찍 앞산 너머에서 햇살이 넘어올 때쯤 운다. 이 매미가 울면 그날은 날씨가 지독히 덥고 햇볕이 뜨겁다. 안개가 짙게 핀 날 아침에도 울었다. 우리가 어렸을 적 강변에서 늦잠을 잔 날 아침이면 이 매미가 울었다. 매미 소리에 눈을 뚝 떠보면 사람들은 진작 집으로 다 가버리고 해가 둥둥 뜬 강변에 나 혼자뿐일 때도 있었다. 우린 이 매미를 왕매미라 했다.

해가 다 저물면 우는 매미가 있는데 이 매미는 뽕나무에서 많이 운다. 쓰름쓰름쓰름 하고 우는데 우리는 이 매미를 뜰매미라고 했다. 어떻게 들으면 이 매미 울음소리가 '뜰람뜰람'이라고도 들리고 '딸님딸님'이라고도 들린다.

또 이상하게 우는 매미가 하나 있는데 차마 여기에 적지 못하겠다. 우리 동네 어떤 할머니의 택호를 붙인, 입에 담기 곤란한 욕과 같기 때문이다. 우리 동네뿐 아니라 동네마다 이 매미의 울음소리를 흉내낸 욕이 많다. 아마 그 동네에서 인심을 얻지 못한 사람이거나 재미있는 이야깃거리를 만든 사람의 별명에다가 그 매미 울음소리를 빗댔던 모양이다. 이웃 면인 강진에서는 이 매미 울음소리를 "이울양반 뽕알, 이울양반 뽕알"이라고 한다는 이야길 들었다. 여름철 내내 우리는 손수 만든 거미줄 매미채로 매미를 잡으러 다녔다. 아참, 또 있다. 일두개라는 매미인데 일두개일두개 하며 운다. 매미 중에서 제일 몸집이 작고 날렵하며 수명이 가장 짧다. 우리 큰집에 일두라는 이름을 가진 형님이 계시는데 사람들은 이 일두개라는 매미 소리를 흉내내며 형님을 놀리곤 했다.

노린내가 지독한 노린재

노린재목과에 해당되는 곤충들이 진메엔 많았다. 우리는 이러한 곤충들을 '노락쟁이'라고 불렀다.

가만히 있으면 냄새가 안 나지만 손으로 건드리기만 하면 지독한 노린내가 나서 머리가 띵할 정도였다. 모양도 좀 징그럽게 생긴 것이 많았다.

고추침노린재, 송장헤엄치게(물에 산다), 십자무늬긴노린재, 장수허리노린재, 시골가시허리노린재, 톱다리개미허리노린재, 두쌍무늬노린재, 작은주걱참나무노린재, 제주노린재, 홍줄노린재, 가시노린재, 비단노린재, 썩덩나무노린재, 깜보라노린재, 북방풀노린재, 장흙노린재.

그 외에 물자라, 물장군, 장구애비, 게아재비, 소금쟁이, 끝검은 말매미충이라는 곤충이 있는데, 몸이 전체적으로 노란색이다.

딱정벌레들

 딱정벌레목에 드는 곤충들은 대개 몸이 딱딱한 곤충들이다. 우리들도 장수하늘소나 장수풍뎅이같이 집게가 사나운 곤충들을 모두 '찍게'라고 불렀다. 잡으면 이 곤충들은 이상한 소리들을 냈으며, 우리는 이 풍뎅이들을 잡아 발목에 실을 매어가지고 놀기도 했다. 내가 본 딱정벌레들은 다음과 같다.

 산길앞잡이, 길앞잡이, 아이누길앞잡이, 쇠길앞잡이, 양코스키딱정벌레, 홍단딱정벌레, 노랑가슴먼지벌레, 큰노랑테녹색먼지벌레, 물방개, 물땡땡이, 네눈박이송장벌레, 넓적송장벌레, 사슴벌레, 애사슴벌레, 톱사슴벌레, 넓적사슴벌레, 뿔쇠똥구리, 똥풍뎅이, 주둥무늬차색풍뎅이, 중국줄풍뎅이, 밝은줄풍뎅이, 연노랑풍뎅이, 풍뎅이.

 이 풍뎅이를 가지고 우린 많이 놀았다. 풍뎅이는 느티나무에도 더러 붙어살았다. 우리는 풍뎅이를 잡아다가 목을 몇 바퀴 돌려 비튼 다음 땅바닥이나 바위 위에 뒤집어놓고 손바닥으로 풍뎅이 옆을 탁탁 때리면서 노래를 불렀다.

손님 온다
마당 쓸어라
손님 온다
마당 쓸어라

 그러면 이 짙은 녹색이다 못해 검은색같이 보이는 날개의 풍뎅이는 속날개를 꺼내 빙빙 돌며 날갯짓을 했다. 그러면 바위에 있는 먼지들이 날갯짓 바람에 깨끗이 날려갔다. 목을 비틀어 뒤집어놓았으니 얼마나 아팠겠는가. 지금 생각하면 참 못된 놀이였다.
 참콩풍뎅이, 풀색꽃무지, 호랑꽃무지, 검정꽃무지, 흰점박이꽃무지, 장수풍뎅이, 비단벌레, 검정빗살방아벌레, 대유동방아벌레, 늦반딧불이, 애반딧불이, 불개미붙이, 남생이무당벌레, 칠성무당벌레, 무당벌레, 맴돌이거저리, 먹가뢰, 장수하늘소, 버들하늘소, 톱하늘소, 붉은산꽃하늘소, 긴알락꽃하늘소, 홍가슴꽃하늘소, 무늬소주홍하늘소, 남색초원하늘소, 알락하늘소, 우리목하늘소, 큰깨다시수염하늘소, 울도하늘소, 뽕나무하늘소, 새똥하늘소, 노란띠하늘소, 향나무하늘소, 범하늘소, 사과하늘소, 작은별긴하늘소, 삼하늘소, 황철나무잎벌레, 버들잎벌레, 청줄보라잎벌레, 가시수중다리잎벌레, 거우벌레, 왕거우벌레, 왕바구미, 버들바구미, 솔곰보바구미 들도 보았다.

도상아, 엎드려

언젠가 여름방학이 끝나고 학교 강당 지붕 아래에서 아이들과 풀을 뽑고 있는데 느닷없이 벌이 날아와 내 머리를 쏘았다. 나는 거의 정신을 잃을 정도였다. 머리가 빠개지는 것같이 아팠는데, 다른 벌에 쏘일 때하곤 근본적으로 달랐다. 오래오래 아팠으며 견디기가 힘들었다. 갑자기 체한 것같이 속이 뉘욱뉘욱하고 구역질이 났다. 지독했다. 그 이튿날까지 아팠다. 나를 쏜 벌은 대추벌(말벌)이었다.

어느 가을날이었다. 학교에서 운동회 연습을 하고 있는데 집에서 전화가 왔다. 어머니가 벌에 쏘여 기절을 하셨다는 것이다. 동료 선생의 차를 타고 집에 가보았더니, 어머니는 아랫목에 누워 계셨다.

다행히 정신이 돌아오셨던 것이다. 어머니는 작고 노란 벌이 날아오더니 머리를 쏨과 동시에 세상이 노래지며 기절을 하셨다고 했다.

소설 쓰는 정도상이가 대학 다닐 때였다. 도상이가 친구와 함께 토요일 오후에 집에 놀러 왔다. 우리 셋은 강 건너 우리 밭가에 있는 밤나무 아래로 알밤을 주우러 갔다. 샛노란 햇살이 마구 쏟아지는 아름다운 가을 오후였다. 우리는 밤나무 밑에 떨어진 알밤을 줍고 까먹으며, 감 홍시도 따먹으며 한가하게 알밤을 줍고 있었다. 어디만큼 가니 큰 알밤나무 밑에 날밤이 벌겋게 빠져 있었다. 뻘건 알밤을 가득 문 밤송이들도 여기저기 흩어져 있었다. 그런데 한곳에 유독 알밤과 밤송이가 더 많았다. 누가 알밤을 주워다가 쌓아놓은 것 같았다. 나는 알밤을 주워 그릇에 담고 두 발로 밤송이를 비벼 까고 있었다. 그러다가 나는 짧은 순간 아차, 하는 생각과 함께 있는 힘을 다해 외쳤다.

"엎드려! 도상아, 정민아, 절대 움직이면 안 돼."

알밤이고 뭣이고 내팽개치고 나는 얼른 밤나무 옆에 있는 콩밭에 엎드렸다. 벌들이 윙윙 내 머리 위를 날아다니고 있었다. 납작 엎드린 나는 계속 외쳤다.

"도상아, 정민아, 벌이 쏘아도 움직이지 마, 절대 움직이지 마."

나는 전쟁터의 소대장처럼 악을 썼다. 그런데 "아이쿠 뜨거, 아이쿠 뜨거. 사람 죽네 사람 죽어" 하며 정민이가 움직이는 소리가 났다.

"정민아, 움직이지 말랑게. 움직이면 더 쏜당게."

우리는 흙과 땀이 범벅이 된 얼굴을 땅에 박고 그렇게 30분쯤 엎드려 있었다. 시간이 지나니 벌들의 소리가 머리 위에서 사라졌다. 우리는 서서히 머리를 들었다. 정민이는 온몸이 난리였다. 도상이와 나는 벌에 한 방도 쏘이지 않았는데 정민이는 여기저기 난리가 났다. 도상이나 나나 모두 산골 촌놈이었는데 정민이는 아니었다. 정민이만 온몸이 벌집이 되었다.

그 벌은 땅벌이었다. 나는 알밤을 줍다가 땀이 많이 흘러 안경을 벗어 호주머니에 넣고 있었는데, 그 바람에 그 밤나무 밑 알밤이 많은 곳의 땅벌들을 보지 못했던 것이다. 벌집을 건드렸으니 얼마나 벌들이 난리였겠는가. 황석영씨가 광주에 살 때 그의 집에 간 적이 있었는데, 김지하씨의 난 그림이 있었다. 그 그림 속에서 '벌집을 건드려라' 운운하는 글귀를 본 적이 있어서인지 그때 나는 그 글귀가 생각났었다.

땅벌은 땅속에 집을 짓고 산다. 다른 야생벌들과 달리 이 벌은 그 집단의 숫자가 대단히 많다. 시골에 산 사람치고 이 땅벌에게 안 당해본 사람은 없다. 땅벌을 사람들은 땡기벌이라고 했고, 싸움질을 할 때 억세게 떨어지지 않고 끝까지 덤비는 사람을 보면 사람들은 '저놈 땡기벌 같은 놈'이라 했다. 악착같은 놈이라는 뜻으로도 땡기벌이라는 말을 했던 것이다. 이 벌은 사람이 벌집을 건드린 후 움직이고 뛰는 사람은 끝까지 쫓아간다. 이 벌은 다른 벌과 달라 한 번 쪽은 쏘고도 또 쏜다. 다른 벌은 한 번 쏘면 벌침이 빠지는데 이 벌은 그렇지 않다. 옷소매를 파고들기도 하고 머릿속까지 파고들었다. 땡기벌에 쫓기다 물속으로 들어가면 물속까지 따라왔다. 그러나 움직이지 않으면 절대로 달려들지 않았다. 죽은 듯이 엎드려 있으면 땡기벌은 날아가버렸다. 몇 번 쏘이더라도 그냥 죽은 듯 있어야지 벌이 쏜다고 뛰어 달아나거나 손짓을 하면 절대 안 된다. 그러면 더 달려들고 숫자가 더 불어난다. 무서운 벌이다. 이따금 벌에 쏘여 사람이 죽었다는 이야기를 듣는데 이 벌이 바로 그 벌이다. 어떤 벌이든 건드리지 않으면 절대 '벌'받지 않는다. 무슨 벌이든 건드리면 벌받는다. 벌을 건드리지 마라. 왜 맥없이 가만히 있는 벌을 건드리는가.

한번은 걸어서 학교를 가는데 내 뒤에서 어떤 어린 여학생이 네 활개를 휘저으며 울며불며 뛰어오고 있었다. 나는 순간 그 아이가 땡기벌을 건드린 것을 알았다. 뛰는 폼이 그랬다. 그 아이가 내 가까이 오자 나는 얼른 차렷 자세로 움직이지 않고 죽은 나무토막처럼 서서 입만 벌려 외쳤다.

"야, 뛰지 마. 서, 서랑게. 딱 서버려."

고함을 질렀지만 그 아이가 어떻게 서겠는가. 그 아인 한 1킬로미터쯤 홀로 홀홀 뛰어 학교로 갔다. 그러나 어찌나 벌에 많이 쏘였던지 다시 집으로 돌아가고 말았다.

　나는 그동안 본 벌들도 많고 또 쏘여본 벌들도 참 많다. 애조꼬리납작맵시벌은 하루살이같이 몸이 긴 벌이다. 밑들이벌, 땅감탕벌, 뱀허물쌍살벌, 두눈박이쌍살벌, 별쌍살벌, 말벌(일명 대추벌), 장수말벌, 땅벌(땡기벌), 나나니, 애기나나니, 어리뒤영벌, 호박벌(이 호박벌은 주로 호박꽃에 드나드는 벌인데 우리는 이 벌이 호박꽃 속에 들어가 정신없이 꿀을 먹을 때 호박꽃 주둥이를 꽉 막아 잡곤 했다. 매우 큰 벌이다), 꿀벌, 양봉 등이 있다. 토종벌은 꿀침이 짧고 양봉은 꿀침이 길다. 토종벌을 키우는 곳에 양봉이 있으면 양봉이 토종벌 집에 와 꿀을 다 따가버린다. 벌도 양벌이 크고 힘도 세다. 기분 나쁘다.

사라져가는 것들

　모내기철에 모를 심기 위해 제일 마지막으로 하는 일이 써레질이다. 써레질이 끝나고 모춤을 여기저기 띄워두면 구정물이 가라앉고 물이 맑아진다. 모춤을 띄우고 논에 들어서면 이따금 따끔따끔하게 쏘는 애벌레 같은 흰 벌레가 있다. 이놈이 철귀다. 이 철귀란 놈은 가소롭게도 사람의 발을 톡 쏘아놓고는 물꼬에 가서 기다린다. 자기가 쏜 것은 다 죽어 논물에 둥둥 떠내려오는 줄 알고 물꼬에서 기다린단다. 그래서 철귀에 쏘이면 물꼬에 가보라고 한다.
　하루살이도 있다. 하루살이의 종류도 많다. 여름철 해 질 녘에 물 가까이에서 노는 무늬하루살이가 있다. 해가 저물 녘이면 물 가까이 나는 이 하루살이를 차먹으려는 물고기들이 뛰는 모습이 너무나 예쁘다. 물 가까이 날고 있는 하루살이를 차먹으려고 물을 차고 뛰는 피라미들의 그 흰 비늘들이 수없이 반짝인다. 수면은 마치 소나기가 오는 것처럼 수많은 동그라미가 그려진다. 햇살이 비칠 때면 황금빛으로 고기들의 비늘이 빛나고 날이 저물 때면 어둠 속에 흰 쌀밥티처럼 몸이 반짝였다. 무늬하루살이는 크다. 길을 걸을 때면 떼로 뭉쳐 눈으로 코로 숨을 쉴 때 입으로 들어오는 눈곱만한 하루살이도 있다.

하루살이는 입이 없다.

여름날 마루에 불을 켜놓으면 온갖 나방들이 다 날아드는데 하루살이들이 제일 많이 날아온다. 이화명충이라는 나방도 있다. 박꽃에 날아드는 박나비도 있다. 브리태니커 사전에 의하면 나방은 나비목의 여러 과 가운데 47개 과에 속하는 수천 종의 야간활동성 곤충으로, 나비목에는 나비와 팔랑나비류도 들어간다고 한다. 나방은 크기가 매우 다양해서, 날개의 길이가 4밀리미터인 것부터 거의 30밀리미터인 것까지 있다고 한다. 나방은 극지방을 빼고 어디나 산다.

나방은 나비처럼 날개, 몸, 다리가 먼지 같은 비늘가루로 덮여 있는데, 이것을 손으로 만지면 떨어진다. 몇 종의 나방은 낮에 활동하지만 대개의 나방은 나비와 달라 밤에 활동한다. 나비와 비교하여 나방은 몸이 단단하고 색깔이 흐리며 몸에 비해 날개가 작다. 또한 독특한 깃털 모양의 더듬이를 가지고 있으며, 휴식할 때는 날개를 포개 몸 위에 두거나 옆에 펼쳐놓는다. 나비목에 속하는 곤충이 모두 그렇듯이, 나방의 생활사는 알-유충-번데기-성충의 4단계를 거친다. 나방 종들 대부분 유충과 성충은 초식성이다. 특히 유충은 관상용 나무나 관목 및 경제적 중요성을 지닌 많은 식물에 큰 피해를 준다. 목화씨벌레와 자벌레는 가장 심한 피해를 주는 나방유충 가운데 하나다. 특히 옷좀나방에 속해 있는 좀나방은 양털, 털가죽, 명주실, 심지어는 깃털도 먹는다.

나방의 이름을 여기 적어본다(아카데미 서적에서 출간한 『한국의 나비』 『한국의 곤충도감』을 참고했다).

노랑털알락나방, 뒤흰띠알락나방, 흰띠알락나방, 벚나무모시나방, 노랑쐐기나방(이 나방이 유충 때 사람들을 쏜다. 쏘는 게 아니라 이 나방이 유충으로 있을 때 나뭇잎에 붙어 있는 유충의 가시털에 맨살이 스치면 따갑고 가렵다. 이 유충인지는 몰라도 한여름에 싸리나무에 많이 붙어 있는 쐐기라는 곤충이 따로 있다. 이 쐐기에 쏘이고 나면 겨드랑이나 샅에 가래톳이 설 정도로 온몸이 아프다. 붓고 쓰리고 열이 난다. 그렇지 않아도 여름에 풀숲에서 일하려면 더운데, 이 벌레에 쏘이면 미치고 환장한다. 사람들 말에 의하면 쐐기에 쏘인 후 주기적으로 그

따가움이 찾아오는데 그렇게 쏘고 도망간 쐐기가 움직일 때마다 아프고 쓰림이 더한다고 한다. 그래서 우리는 쐐기에 쏘이면 어떻게든 쐐기를 찾아 잡아 죽이곤 했다. 가랑잎에 붙어 있는 쐐기, 벚나무에서 떨어지며 쏘는 쐐기 등이 있다). 깜둥이창나방, 점무늬큰창나방, 흰띠명나방, 목화바둑명나방, 물결줄흰갈고리나방, 별박이자나방, 쌍줄푸른자나방, 홍띠애기자나방, 노랑무늬물결자나방, 까치물결자나방, 큰노랑물결자나방, 버드나무얼룩가지나방, 먹세줄흰가지나방, 흑띠잠자리가지나방, 줄무늬노랑가지나방, 노랑날개무늬가지나방, 뒷노랑점가지나방, 뒤끝가지나방, 연회색가지나방, 흰그물왕가지나방, 쌍은줄가지나방, 솔나방, 섶나방, 멧누에나방, 누에나방, 왕물결나방, 산왕물결나방, 가중나무고치나방, 참나무산누에나방, 어스랭이나방, 점갈고리박각시, 뱀눈박각시, 머루박각시, 꼬리박각시, 줄박각시, 노랑재주나방, 곱추재주나방, 푸른곱추재주나방, 먹무늬재주나방, 은무늬재주나방, 버들재주나방, 매미나방, 독나방(여름밤 불빛을 보고 찾아오는 독나방은 이름 그대로 독침가루를 쏘아 피부에 닿으면 피부염을 일으킨다), 콩독나방, 점무늬불나방, 흰제비불나방, 넉점박이불나방, 미국흰불나방, 뒷노랑얼룩나방, 흰무늬왕불나방, 애기나방, 노랑애기나방, 점줄재주나방, 꼬마노랑뒷날개나방, 무궁화밤나방, 흰줄짤름나방, 흰줄까마귀밤나방, 태극나방, 애흰줄썩은잎밤나방, 애기얼룩나방, 얼룩나방 등 수많은 나방들이 있다.

　이외에도 온갖 벌레들이 많은데 분홍날개대벌레, 대벌레(이 대벌레는 귀한 편인데 대나무처럼 몸에 마디가 있다), 긴수염대벌레, 고마로브집게벌레, 좀사마귀, 먹바퀴, 집바퀴, 이질바퀴, 바퀴, 참밑들이, 잠자리각다귀, 큰노랑각다귀, 빌로도재니등에, 왕파리매(우리 동네에서는 쇠파리라고 한다. 파리는 파리인데 해 넘어갈 무렵 어디선가 나타나 목욕하는 우리 등에 달라붙어 따갑게 피를 빨아먹고 소 등에 시커멓게 달라붙어 피를 빨아먹는다. 손등에 붙은 파리를 탁 때려잡으면 피가 묻어났다), 배짧은꽃등에, 꽃등에, 스즈끼긴꽃등에, 조잔벌붙이파리, 중국별똥보기생파리, 굴뚝날도래, 넉점박이풀잠자리, 명주잠자리, 알락명주잠자리, 노랑뿔잠자리, 뿔잠자리 등이 있다.

　여름 한낮에 가는 모래밭에 가면 아주 예쁜 모래홀이 있는데 개미귀신집이다. 개미귀신은 보이지 않는다. 아무도 보지 않았는데 사람들에게 해를 끼치는 것을 우리는 귀신이라고 한다. 이 개미귀신도 모래 위에 조그만 홀을 파놓고 모래 속에서 개미가 지나가다 그 홀에 빠지기를 기다린다. 개미가 부지런히 어딜 가다가 조그마한 홀에 빠지면 번개같이 나와 개미를 채가는데, 그게 개미귀신이다.

　사람들의 눈에 띄지 않는 것들이 이 세상엔 얼마나 많을까. 사람들은 자연을 얼마나 알고 있을까. 사람들이 자연을 얼마나 이해하고 있을까. 땅 위, 땅속, 공중에 사는 수많은 생명체들 중, 우리 인간도 한 생명체에 불과하다는 것을 알아야 한다.

  인간들의 오만과 끝없는 욕망은 마침내 자연스러운 생물체들의 소멸과 생성 과정을 무참하게 파괴한다. 내가 어렸을 적 보았던 곤충들 중에는 지금은 그 종이 현저히 줄어든 것도 있고 아예 눈에 띄지 않는 것들도 있다. 농약과 땅과 물의 오염으로 쫓겨나고 죽어 없어졌을 것이다. 논에 사는 곤충들은 거의 다 없어졌다. 아침 논에 가보면 그 많던 거미줄이 하나도 보이지 않으니, 겁나는 일이다. 물고기들이 없는 강물을 보았는가. 무섭다.

제3부
———
산과 바람과 강물 그리고 시

고운 산들이 거기 있었고 강도 거기 있었네

파란 하늘에 하얀 뭉게구름 떠 있고 그 하늘 아래 푸른 산의 모습이 강물에 푸르게 어리면, 강바닥 흰 돌멩이까지 해맑은 햇살이 가 닿은 맑은 물은 사람의 거울이 된다. 강물에 사람의 얼굴을 비추어 깨끗하면 강물도 사람의 얼굴도 사람이 사는 세상도 깨끗하리라.

산이 있는 곳에는 강이 있었다. 산이 크고 높아 골이 깊으면 강도 따라서 물이 넘치고 깊었다. 섬진강은 그리 큰 산을 갖고 있지 않은 강이다. 강 하구에 지리산이 있긴 하지만 지리산은 섬진강의 산이 아니다. 지리산은 그냥 지리산이다.

섬진강은 전라북도 진안에 있는 팔공산과 마이산에서 발원한다. 세 개의 도와 열두 개의 군을 넘나들며 산자락 강 언덕에 그림 같은 마을들을 만들고, 작은 산에서 시작된 시냇물들을 불러 모으며 남도 오백 리 길을 유장하게 흐른다. 순창군 쌍치에서 흘러오는 노령천, 회문산의 구림천, 성수산의 오수천, 강천산의 옥천, 지리산의 요천과 만나고, 더 흐르다보면 전라남도 보성에서 흘러오는 보성강을 만나 구례 하동을 거쳐 광양만에서 그 흐름을 쉬게 된다.

섬진강은 예부터 고기 반 물 반이라 했다. 강의 상류에는 산들이 가파르고 바위들이 많아 강물로 굴러내린 바위들이 고기들의 좋은 집이 되어주었다. 그러니 온갖 고기들이 철을 가리지 않고 잡혔다. 고기뿐 아니라 다슬기, 조개, 재첩 같은 조개 종류들도 많았고 산이 가까워 산과 강에 사는 수달같이 귀한 동물들이 아직도 서식하고 있다. 강 하류에는 맑은 강물에서만 사는 은어가 아직도 살고 있으며 참게, 새우 들이 살고 있다.

섬진강만큼 사람들을 가까이 거느리고 사는 강은 없다. 사람들은 먹고살기 위해 산과 강을 가까이했다. 거기 양식이 있었기 때문이다. 강이 그리 크지 않았기 때문에 사람들은 큰 힘을 들이지 않고 징검다리를 놓았고 물이 깊으면 나루를 만들어 배를 띄웠다. 아무리 강폭이 넓어도 강 이쪽에서 저쪽의 사람을 부를 수 있었다. 강변에 다가는 소를 놓아길렀고 물이 불어도 물이 닿지 않는 곳에는 논과 밭을 일구었다. 봄이 와 풀이 돋아나면 사람들은 작은 들로 나가 풀을 뜯고 자운영꽃 핀 논을 갈아엎어 곡식을 가꾸었고, 산에 들에 나는 나물로 고픈 배를 채웠다. 이와 같이 산과 강 모두가 사람들에겐 생명 그 자체였으니 산과 강은 사람들과 한몸이었다. 물이 많이 불어 강에 상처가 나면 사람들도 아팠고 산이 가물어 목말라하면 사람들도 목이 탔다.

자고 일어나면 달려들고 오르던 산과 강은 거기 그대로 있으나 이제 옛날의 맑은 강과 고운 산이 아니다. 산에서 일하다 목마르면 달려와 엎드려 마시던 꿀같이 달던 강물은 발 담그기가 두려울 정도로 흐려졌고 산은 칙칙하게 우거져 사람들의 발길을 막는다.

사람들과 한몸이었던 강과 산이 사람들과 멀어지고 있다. 사람들의 이기적인 욕망이 강을 죽이고 고기들을 쫓아내고 있는 것이다. 강물의 생명인 것들이 강에서 쫓겨나니 사람들 또한 강물에서 쫓겨나고 있다. 사람들은 조금만 몸이 이상해도 호들갑을 떨며 병원을 간다, 보약을 먹는다 야단이면서, 말 없는 산 말 없는 물의 고통은 외면하고 있다.

어느 날 문득 세수를 하려고 강물에 엎드렸을 때 내 얼굴이 흐려 보였다. 거울이, 인간의 거울이 더러워진 것이다. 그 얼마나 오랜 세월 산이 거기 있었고 강이 거기 있었던가. 사람들이 거기 그렇게 있었던가.

책을 따라다니며 글을 쓰다

오랫동안 나는 책을 읽고 글을 쓰며 살았다.

나는 6·25전쟁 이태 전에 태어났다. 내가 태어난 마을은 아주 작은 산골마을이어서 우리 동네에 글을 쓰는 사람은 물론 책을 보는 사람도 없었다. 마을에 작은 서당이 있었고, 그 서당에서 형들이 한문을 배울 무렵 나는 학교를 갔다. 입학은 했으나 전쟁으로 교실은 다 불타버리고, 작은 초가집이 한 채 있을 뿐이었다. 그 초가집에는 마루가 놓여 있었는데, 집 앞에는 작은 소나무 한 그루가 서 있었다. 그 집에서는 6학년들이 공부했고, 우리는 운동장가에 있는 커다란 벚나무 아래에서 공부했다. 그러니 학교에 책이 있을 리 없었다. 교과서 외에 내가 책을 처음 본 것은 아마 6학년 때가 아닌가 한다. 졸업할 무렵 나는 교과서가 아닌 책을 한 권 보게 되었는데, 그게 이순신 장군 이야기였다. 내용 중에 이순신 장군이 어렸을 때 동네에서 전쟁놀이를 할 때마다 대장 노릇을 했고, 과거시험을 보러 갈 때 말을 타고 달리다가 말이 넘어지는 바람에 다리가 부러졌는데 버드나무 가지를 꺾어 다리를 동여매고 다시 달려 과거에 합격했다는 이야기를 기억한다. 그것이 나의 첫 독서인 셈이다.

중학교에 갔다. 중학교에 갔다고 해서 책을 읽을 기회가 있는 것은 아니었다. 중학교 때 읽은 책들은 기억에도 남지 않은 만화책들이 대부분이었다. 중학교 때 내 머리에 반짝이는 기억이 하나 있다. 나는 사촌 형과 자취했는데, 그때 그 형은 『사상계』라는 책을 읽고 있었다. 지금 생각하면 참으로 놀라운 일이었고, 또 내 기억에 너무 또렷하여 거짓말 같기도 하다. 어떻게 내가 그 오래된 기억들 중에 그 책이 『사상계』라는 것을 기억할 수 있는지 나는 지금도 의아할 뿐이다. 아마 중학교 3학년 때였는지 모른다. 김래성이라는 소설가가 쓴 책 중에 『검은 별』이던가 무슨 별이던가 하는 책을 본 기억이 난다. 내가 처음으로 읽은 소설이었을 것이다. 순창에 서점이 하나 있었지만 나는 그 서점에 들어가본 적이 없다. 책을 읽어야겠다는 생각도 없었을 뿐 아니라, 책을 살 돈이 나에게는 없었다.

고등학교에 들어간 후 나는 영화 보기를 즐겼다. 고등학교 3학년 때의 일이다. 나는 알퐁스 도데의 소설 「별」을 교과서에서 읽게 되었다. 그 글을 읽는 순간 나는 소설의 아름다움에 빠져들었다. 나는 교과서를 들고 밖을 돌아다니며 그 글을 읽었다. 점심시간 학교 뒷동산 잔디밭에서 친구들이 뒹굴며 놀 때 나는 교과서를 들고 돌아다니며 「별」을 읽었다. 기억이 맞을지는 몰라도, 양치기 소년의 어깨에 머리를 기댄 소녀가 나오는데 그 장면에서 나는 정말 황홀했던 기억이 지금도 새롭다. 나는 서서히 소설에 재미를 느끼기 시작했다. 어떻게 알게 되었는지 몰라도, 또 어떤 친구의 것인지는 몰라도 나는 이광수의 소설책들을 빌려다가 읽었다. 『유정』과 『꿈』이 지금도 기억에 남는다. 아마 이 두 소설은 영화로도 만들어진 걸로 나는 기억한다. 그리고 박계향이라는 소설가의 책도 읽은 기억이 난다. 어떻게 내 손에 소설전집이 들리게 되었는지는 몰라도 나는 손창섭이라는 소설가의 전집을 읽게 되었다. 놀랍다. 지금이야 그 소설 제목들을 다 잊었지만 다섯 권으로 된 그의 전집을 나는 다 읽었다. 지금 생각하면 그의 소설들은 매우 어두운 우리의 사회상을 리얼하게 그린 이야기들이 대부분이었던 것 같다.

나는 고등학교를 졸업하고 집에서 오리를 길렀다. 생활이 너무 바빴기 때문에 그때는 책을 본 기억이 없다. 작은아버지가 조합에

다니셨는데, 『세대』지를 구독하고 있었다. 정기구독이 아니라 아마 조합으로 그냥 나온 책이었을 것이다. 『세대』지에서는 무엇을 읽었는지 기억나는 게 없다. 사랑방에는 『새마을』이라는 잡지가 뒹굴고 있었는데, 나는 그 『새마을』지 속에 있는 소설들을 읽었다. 소설의 내용은 새마을운동에 관한 계몽적인 글들이 대부분이어서 재미가 없었다.

나는 읽기를 좋아했다. 신문이든 잡지든 무슨 책이든 손에 잡히는 대로 읽었다. 집에서 오리를 키우다가 망한 나는 서울로 도망가서 한 달간 살았다. 그때 나는 엄청난 책들을 구경하게 된다. 바로 청계천 헌책방의 책들이었다. 하루를 꼬박 구경해도 구경을 다 할 수 없을 정도로 많은 책에 놀랐다. 나는 어느 날 하루 동안 헌책방들을 돌아다녔다. 그러나 책은 살 수가 없었다. 그러던 어느 날 나는 내 생애 최초로 책을 한 권 사게 된다. 장만영 선생의 시집이었다. 나는 지금도 그 시집을 가지고 있다. 붉은 양장본이었다. 그 책은 『장만영 시 선집』이다.

그리고 나는 다시 귀향했다. 귀향해서 순창에서 잠깐 지내게 됐는데, 그때 이웃집에 국어 선생이 아버지인 친구가 있어서 나는 그 집에 드나들며 책을 빌려다가 읽었다. 아마 그것도 이광수의 소설이나 심훈의 소설들이었을 것이다.

그러던 중 나는 교사 임용시험에 합격해 광주교대에서 강습을 받게 되었다. 그때 어떤 하숙집에서 나는 너무도 우연히 『현대시학』을 가지고 있는 선생을 보게 된다. 최초로 시 전문지를 보게 된 것이다. 나는 이상한 기분에 사로잡혔다. 지금 생각해도 묘하다. 그 잡지 속에서 나는 박목월, 이형기, 전봉건의 시들을 본 기억이 난다. 시들이 많이 실려 있고, 긴 글들도 보았는데 아마 그 글들은 평론이었을 것이다. 지금도 그 잡지의 표지를 나는 뚜렷하게 기억한다.

교원양성소 강습을 수료하고 나는 다시 시골집으로 돌아왔다. 그리고 나는 1970년 5월 1일 발령을 받았다. 아주 작은 산골 분교였다. 그 깊은 산골로 들어간 나는 또 심심해졌다. 『새 교실』이라는 잡지가 있기에 읽어보았고, 거기 실린 시들과 수필들을 보았다. 별 흥미가 없었던 것 같다. 그렇게 심심하게 지내던 어느 날이었다. 그렇다. 정말이지 '어느 날'이었다. 그 어느 날은 나에게 무척이나 특별한 날이 되었다. 그날, 그 먼 곳까지 책을 팔러 온 사람이 있었다. 전집을 팔러 다니는 월부 책장수들이 유행하던 때였다. 그때 그 월부 책장수가 내게 처음 가지고 온 책은 유명한 『도스토옙스키 전집』이었다. 여섯 권짜리였다. 판형이 넓고 글씨도 컸다. 들고 다니면 폼이 나는 책이었다. 두툼하고 멋스러워 보였다. 나는 그 책을 읽고 싶어서 산 게 아니라 책이 정말 근사해서 난생처음 월부로 책을 샀다. 책이 어찌나 두툼한지 베개를 삼아도 될 만했다. 실제로 나는 그 책을 읽다가 베고 잠이 들기도 했다. 도스토옙스키의 소설 중에서 나는 『카라마조프네 형제들』과 『학대받은 사람들』에 심취했다. 소설에 등장하는 이름들이 너무 낯설고 길고 비슷비슷해서 책에 등장하는 인물들을 메모해 들고 사람들의 이름을 확인하며 책을 읽었다.

그때가 겨울방학 때였다. 낮에는 산에 나무하러 가고, 밤이 되면 나는 그 책 속에 푹 빠져 지냈다. 방학 동안 밤을 새워가며 그 책들을 다 읽었다. 눈이 많이 온 날은 하루 종일 책을 읽었다. 책을 읽다가 밖에 나가면 눈이 쌓인 산천은 참으로 눈이 부셨다. 방으로 들어와 밥 얼른 먹고 책을 보다가 화장실에 갈 때만 빼고는 책 속에 코를 박고 살았다. 책 일곱 권이 다 끝나가자 방학도 끝나갔다. 나는 놀랐다. 그 작은 책 속에 그처럼 많은 사람들이 숨을 쉬고 펄펄 살아 있었던 것이다. 그 작은 책 속에 그토록 가슴 아프고 기쁜 일들이 벌어졌던 것이다. 놀랍고도 놀라웠다. 책 속에 살아 숨쉬는 사람들을 나는 숨이 막히게 따라다녔던 것이다.

방학이 끝나고 집을 나서서 학교로 걸어가는 동안 나는 나 자신에게 놀랐다. 이상한 일도 다 있었다. 늘 보아왔던 강물이며, 빈 들판이며, 앞산이며, 느티나무며, 강물 속의 바위들이며, 마을의 가난한 집들이며, 그런 것들이 이상하게 새로 보였다. 고개를 들거나 휘둘러보면 늘 내 눈에 들어선 어제의 것들이 오늘 다 새로 보였다.

눈이 부실 정도였다. 내 발걸음은 힘찼으며, 온몸에 힘이 느껴졌다. 산과 강이, 모든 것들이 다 내 속으로 들어와 나는 자꾸 심호흡을 해야 했다. 저기 서 있던 소나무 한 그루가 오늘 새로 보이면 그게 사랑이 아니던가. 나는 나도 몰래 새로운 세상에 대한 사랑을 얻어가고 있었다. 그때부터 나는 세상은 살아볼 만한 가치가 있다는 생각을 하게 되었다. 뚜렷하지는 않지만 무엇인가 삶에 대한 설렘과 기대가, 그리고 손에 잡히지 않는 기쁨이 고개를 쳐들었던 것이다.

겨울이 지나고 내가 선생 노릇을 한 지도 1년이 되고 봄이 왔다. 그리고 어느 날 또 그 사람이 책을 들고 나를 찾아왔다. 다섯 권짜리 『헤르만 헤세 전집』이었다. 나는 그 책을 샀다. 산골의 밤은 알 속처럼 깊고 아늑했으며, 또한 산과 강물은 늘 살아 꿈틀거렸다. 아이들이 돌아간 오후 내내 나는 책 속에 코를 박고 살았고, 밤이 하얗게 샐 때까지 책 속에서 살았다. 소변을 보려고 밖으로 나오면 달이 높이 지나갔고, 별들이 이마 가득 초롱초롱 빛났으며, 또 산들은 적막하고 막막했다. 비가 오고, 눈이 내렸으며 내 청춘의 푸른 어깨는 부풀어올랐다. 눈이 빛났다. 자기 자신에 대한 호기심과 세상에 대한 호기심으로 날이면 날마다 늘 충만해지고 막강해졌다. 헤르만 헤세를 다 읽고 났을 때 또 그 책장수는 『이어령 전집』을 가지고 왔다. 이어령의 새로운 글들이 나를 사로잡았다. 막 세상을 알아가는 나에게 그의 글은 신선했고, 『흙 속에 저 바람 속에』라는 책은 특히 재미있었다. 전혀 다른 시각으로 세상을 보고 있는 그에게 놀랐다. 오랫동안 나는 이어령의 책 속에 파묻혀 살았다.

나는 내가 책을 선택하지 못했다. 어느 날 그 책장수는 또 『박목월 전집』을 가지고 왔다. 나는 그의 시와 산문 들이 담긴 『박목월 전집』을 다 읽었다. 『서정주 전집』 『괴테 전집』 『니체 전집』도 샀다. 그리고 나는 그 작은 학교를 떠나 지금 내가 근무하고 있는 덕치초등학교로 왔다. 1972년 봄이었다.

덕치초등학교로 온 나는 같은 학교에 근무하는 여선생님의 교실에서 50권짜리 『한국문학전집』을 보았다. 그 선생님더러 이 책을 보느냐고 했더니, 안 본다고 했다. 그럼 나에게 팔라고 했더니, 그러겠다고 했다. 나는 그 책을 4만 원인가를 주고 샀다. 나는 그 책 속에 또 파묻혀 지냈다. 참으로 긴 시간이었다. 그 책 속에는 동화, 동시, 시, 에세이, 시나리오 등 문학 장르가 다 담겨 있었다. 반년쯤 나는 그 책을 읽었다. 다 읽지는 못한 것 같지만 그래도 거의 다 읽었다. 한국문학에 대한 모든 것들을 나는 그 책으로 익혔다고 해도 과언이 아니다.

나의 독서 범위는 이제 월부 책에 한정되지 않았다. 방학하는 날 나는 커다란 가방을 가지고 전주로 나갔다. 그때만 해도 전주에는 헌책방들이 엄청 많았다. 나는 자루에다가 그때 돈으로 10원, 20원하는 헌책들을 사 담았다. 주로 오래된 문학잡지들이었다. 『현대문학』이 많았다. 그 책들을 사서 버스를 타고 시골정류소에 내려 지게에다가 책을 짊어지고 30분쯤 걸어 집으로 돌아와 방에 부려놓고 책을 읽기 시작했다. 책은 꿀 같았다. 어떤 책이든 한 장도 빼놓지 않고 샅샅이 읽었다. 책을 읽다가 새벽이 되어 마루에 내려서면 코에서 뜨거운 것이 떨어졌다. 코피였다. 꼼짝 않고 책을 읽으면 언제 밤이 되고 아침이 되는지 몰랐다. 어머니가 "밥 먹어" 하고 부르면 얼른 일어나 밥 먹고 와서 또 책을 들었다. 변소에 가는 시간이 아까울 정도였다. 그렇게 헌책을 사서 읽기를 몇 년, 내 생각은 푸른 나무처럼 자라났고, 산처럼 솟았다. 생각이 많아지고 복잡해져서 머리가 어지러웠다. 나는 글을 쓰기 시작했다. 생각이 많아지고 머릿속이 복잡하니, 자연히 그 복잡한 것들을 정리할 수밖에 없었다. 그게 내 글쓰기의 시작이었다.

어느 해였던가 모르겠다. 그렇게 책을 읽으며 인생이 신나게 되었을 무렵 아침 일찍 교실 문을 열고 들어갔는데, 아이들이 일제히 일어나 나에게 씩씩한 목소리로 "안녕하세요" 하며 아침인사를 했다. 일제히 나를 돌아보며 인사하는 아이들의 붉은 얼굴을 보는 순간 나는 충격을 받았다. 아! 아이들이 하나하나로 보였던 것이다. 그전에는 아이들 30명이 모두 하나로 보였는데, 그날 아침 아이들이 한 명 한 명 따로따로 보였던 것이다. 그날 아침 나는 비로소 선생의 입구에 '들어섰다'고 생각했다. 나는 상기되었다. 즐거웠으며 행복했다. 나는 사람이 무엇을 하며 사느냐가 중요한 게 아니라 어떻게 사느냐가 중요하다는 생각을 한 것이다.

그 무렵 나는 비로소 선생으로 일생을 보내기로 작심했던 것 같다. 나는 모든 희망을 버렸다. 무엇이 되는 것에 대한 희망을 모두 놓아버렸다. 이 아이들과 일생을 보내기로 한 것이다. 그 순간 나는 날 것 같았다. 세상이 환히 개고 마침내 내가 날개를 달았던 것이다. 나는 아이들에게 열중했다. 학교에서는 아이들과 신나고 재미있게 살았고, 집에 가면 책 속에 묻혀 지냈다. 농사일도 도왔고, 그 좋아하던 낚싯대도 버렸다. 내 생은 커갔다. 세상에 부러울 것이 없었다. 가난도 가난이 아니었고, 나는 정말 이 세상을 다 안고 사는 큰 부자가 되었다.

글을 쓰기 시작했다. 소설도 써보고, 시도 써보고, 동시도 써보고, 아무튼 글이란 글은 다 끼적거려보았다. 글이, 글이 아니었지만 그리 대수가 아니었다. 내 주위에는 글을 쓰는 사람도, 책을 읽는 사람도 없었다. 오직 나는 나 혼자였다. 그렇게 세월이 갔다.

어느 날이었다. 신문에서 책에 대한 기사를 읽었다. 시집에 대한 기사였다. 민음사라는 출판사에서 『오늘의 시인총서』를 냈다고 했다. 나는 그 책을 샀다. 고은, 김수영, 정현종, 황동규, 이성부, 박재삼 등의 시들을 사 읽었다. 1970년대가 다 가고 있을 무렵이었다. 그때는 유신 정권이 발악하고 있을 때였으나, 나는 시대에 정면 대응하지 못했다. 나는 너무 오래오래 깊은 산중에 살았고, 세상과는 너무 멀리 떨어져 있었던 것이다.

어느 날 나는 헌책방에서 참으로 희한한 헌책을 한 권 손에 들게 되었다. 『창작과 비평』이라는 책이었다. 1980년대가 가까워져오고 있었던 것이다. 나는 그 책을 읽고 세상에는 참으로 신기한 책이 있다는 것을 알았다. 지금까지 내가 보아온 시와 소설과 평론이 아니었다. 전혀 다른 내용의 글들이 나를 벌겋게 달구었다. 누가 권하지도 않았는데, 나는 그때 또 『해방 전후사의 인식』이라는 책을 서울에 있는 동생에게 부탁해서 구해 보았다. 헌책방을 돌아다니며 『창작과 비평』 잡지를 사서 보다가 우연히 『문학과 지성』이라는 잡지도 샀다. 이런 책들을 나는 창간호부터 사 모아 읽었다. 어느 날은 『월간 미술』을 읽게 되어 그 책도 창간호부터 헌책을 다 사 보았다. 다섯 권짜리 『세계문화사』도 사 보았다. 그리고 1980년이 되었다. 책은 넘쳐났다. 나는 책값을 다 대지 못했다. 보고 싶은 책들을 다 사 보지 못한 나는 일요일이면 몇 권의 책을 사고 나머지는 책방에서 읽었다. 잡지 속의 시들을 나는 책방에 앉아 공짜로 읽었다. 나는 나도 모르게 시대의 흐름에 깊숙이 들어와 있었다. 나는 책을 통해 나와 우리 부모님과 농민들을 보았다. 나는 그들의 분노와 울분과 기쁨과 슬픔을 써갔다.

1981년 어느 날 밤, 나는 드디어 학교에서 숙직을 하며 『섬진강』을 썼다. 글을 써놓고 누구에게 보여줄 사람이 없는 나는 내 스스로에게 늘 묻고 또 대답해야 했다. 참으로 길고 긴 세월의 외로움이었으나, 그 외로움이 나를 단련시키고 나를 키웠다. 나는 나에게 감동할 수밖에 없었으나, 그 감동이 사회적 객관화가 되기까지도 나 혼자여야 했다. 몇 편의 시를 써놓고 나는 나에게 감동했다. 이것이 시라는 것을 알게 된 것이다. 나는 그동안 써놓은 시들을 모아 원고지에 쓰기 시작했다. 나는 그때까지 원고지에 글을 쓴 것이 아니라 공책에 일기와 함께 시를 썼던 것이다.

시를 모아 '창작과비평사'로 보냈다. 1982년이었다. 그해 가을 나는 이 세상에서 처음으로 내 시가 실린 책 한 권을 받아보았다. 그 책 이름은 21인 신작시집 『꺼지지 않는 횃불로』였다. 21인의 너무도 유명한 시인들 속에서 내가 '신작시인'의 이름을 달았던 것이다.

그리고 나는 사회로 나갔다. 내가 잘 가는 작은 사회과학서점 주인이 나를 알아보게 되고, 나는 책을 외상으로 사기 시작했다. 나의 외상책 사 보기는 그렇게 시작되어 1995년에야 끝이 났다. 1995년 어느 날 아내는 집으로 들어오면서 만세를 불렀다. "여보, 드디어 책 외상값을 다 갚았어!" 나는 눈물이 났다. 아내를 얼싸안았다. 월급날이 되면 밀린 외상책값을 갚고, 또 그만큼의 책을 외상으로 샀던 것이다. 그러기를 13년이었다.

시인이 된 나는 더 바빠졌다. 사람들이 나를 찾았다. 시골에 있는 나를 불러내어 민주화운동의 글도 쓰게 하고, 시도 쓰게 했다. 나는 적극적이지는 못했지만 그 언저리를 늘 맴돌았다. 시인이 되면서 나는 김지하의 시들을 찾아 읽었고, 신동엽의 시와 글 들을 읽게 되었다. 서울에 있는 친구들이 작은 복사판 시집을 가지고 왔는데, 그 시집들은 하나같이 처음 들어본 사람들의 것이었다. 오장환, 백석, 이용악의 시들은 나를 옴짝 못하게 가두었다. 나는 그 시인들 중 이용악을 좋아했다.

문단에 나간 지 2년인가 지나서 나는 시집을 내게 되었다. '창작과비평사'에서 『섬진강』이란 시집을 내게 된 것이다. 출판사에서 초교지가 나왔으니, 서울 한번 다녀가라고 했다. 나는 서울길에 나섰다. 내가 서울에 간 날이 마침 신동엽 창작기금을 주는 날이었고, 내가 도착했을 때는 뒤풀이를 하고 있었다. 나는 놀랐다. 그 자리에는 고은, 백낙청, 문익환, 백기완, 성내운, 염무웅, 박태순 등 기라성 같은 분들이 있었다. 내가 놀란 것은 그분들이 나를 알고 있다는 것이다. 문익환 목사님이 나의 인사를 받고는 "김선생 글을 감옥에서 잘 읽었습니다" 하는 것이었다. 내 어찌 놀라지 않을 수가 있겠는가. 나는 정말 촌놈이었다. 나는 그 자리에 앉아 있을 수가 없어서 김이구더러 빨리 가자고 하고는 그의 자췻집으로 가서 잤다. 그 이듬해 1월, 나의 첫 시집이 나왔다.

  나는 시인이 되려고 책을 읽은 것도 아니고, 시인이 되려고 시를 쓴 것도 아니다. 나는 책을 읽음으로써 내게 다가오고 일어나고 쓰러지는 온갖 생각들을 책을 통해 또 밀어내고 쓰러뜨리고 일으켰다. 절망과 좌절은 시도 때도 없이 찾아왔으며, 나는 때로 절망으로부터 도망갔고 정면으로 대들었다. 외로웠을 것이다. 나는 저문 강변을 따라 멀리 갔다가 어두워져서야 돌아와 내 방의 불을 켰다. 어둠은 길고 깊었으며, 아침은 빨리 왔다. 누군가를 기다렸다. 겨울 무구덩이 속의 무처럼 누군가를 기다렸다. 캄캄한 땅속에서 나를 건져갈 누군가의 손길을 기다렸다. 빛이 없어도 때로 무순은 노랗게 자랐다. 달빛 아래 강물을 나는 수도 없이 건너다녔다. 물소리는 외로운 내 발목을 잡고, 내 발소리는 산이 잡아갔다. 그렇게 나를 꺼내갈 흰 손을 기다리던 어느 날 시가 내게로 왔다. 산이 환하게 열리고, 강물이 산굽이를 희게 돌아왔다. 발등이 환했다.

나는 내가 태어나고 자란 곳에서 지금도 산다. 그러기를 원했다. 어느 날 나를 찾아온 책들이 지금처럼 내가 살기를 원했다. 시퍼렇게 날 선 청춘의 각을 꺾고, 내가 태어나고 자란 곳에서 평생 아이들과 함께하기를 원했다. 그런 삶도, 그런 인생도 아름다울 것이라는 생각을 했다. 책이 그렇게 나를 가르쳤다.

사는 게 별것이 아님을 일찍 알았다. 삶은 허망한 것이고 바람 같은 것이라는 것을 나는 일찍 알았다. 별것이 아닌 삶을 유지하기 위해 사람들은 사람이기를 버린다는 것을 나는 알았다. 나는 그 어느 것에게도 머리 숙이기를 거부했다. 내가 머리를 숙이는 곳은 어린 아이들이 노는 땅이었다. 저 무구한 어린이들의 모습이 내 앞에서 꽃이었다. 나는 그 꽃밭에서 오래오래 산 것이니, 그렇게 되기를 원했더니, 마침내 내 삶은 그렇게 되었다.

책을 보기 시작하면서 내 인생은 시작되었고, 나는 책을 따라다니며 글을 썼다. 그 길고도 긴 인생의 길이 책 속에 있었다. 내 책이 다른 책들 속에 섞여 있을 때 나는 신기하다. 내가 처음 글을 써보려고 했던 순간을 지금도 또렷이 기억한다. 책을 읽다가 방바닥에 등을 대고 누워 나는 이렇게 생각했다.

'그래, 저 책을 쓴 것이 사람들이지. 그렇다면 나도……'

그리고 나는 글을 쓰기 시작했던 것이다.

봄이 오는 그 솔숲에서 쓴 시 한 편

오늘도 학교에 출근하자마자 학교 뒤 솔숲에 갔다. 이 솔숲은 언제 들어가도 좋지만 초겨울에 가장 좋다. 초겨울 아침 일찍 이 숲에 들면 차갑고 신선한 공기가 시원하게 이마를 때린다. 이 숲 들머리에는 큰 소나무에서 떨어진 노란 솔잎들이 수북 쌓여 있다. 아무도 딛지 않은 폭삭폭삭한 솔잎 위를 걸으면 둥둥 뜰 것 같은 기분이 든다. 나는 한참을 그렇게 솔잎 위를 이리저리 걸어본다.

초겨울에 떨어진 솔잎은 아직 소나무의 온기가 남아 있어 햇살이 떨어지면 금실처럼 빛난다. 눈을 꾹꾹 찌를 것 같은 그 눈부심에서 헤어나 나는 작은 묘지를 지난다. 따뜻한 묘지에 늦게까지 피어 있는 들국화가 처연하다 못해 애처롭다. 벌초로 인해 늦게 새로 자란 도토리나무들도 붉게 단풍이 들어 서리를 하얗게 쓰고 있다.

묘지를 지나면 작은 오솔길이 있다. 늘 내가 눈부셔하는 이 길에도 솔잎들이 차곡차곡 쌓여 있다. 이 짧은 내리막 오솔길은 봄에 더 좋다. 때 묻지 않은 청년들 같은 소나무 몸뚱이들은 언제 보아도 씩씩하고 건장하다.

안개가 피어오르는 날 아침, 나는 이곳에서 서서히 아침햇살에 깨어나는 신비로운 숲을 보며 딴 세상에 온 듯한 느낌에 젖곤 한다. 봄이 오면 이 오솔길의 온갖 작은 나무들이 잎을 피우는데 나는 꽃보다 막 피어나는 이 이파리들을 더 좋아한다. 화려하지 않으면서도 눈부신 솔숲 아래 새잎들은 나를 늘 감동하게 한다.

이 짧은 솔숲 길을 지나면 또 묘지가 나오고, 이 묘지를 지나면 잡목들이 늘어선 작은 오솔길이 나온다. 그 오솔길이 나는 겨울에 더욱 좋다. 내가 도달할 때쯤이면 아침햇살이 그 좁은 오솔길을 찾아드는데, 작은 잡목들에 비치는 햇살이 참 깨끗하고 그 작은 길의 갈색 낙엽들 또한 화사하고 눈부시다. 그 길에 막 햇살이 찾아들면서 나뭇잎과 솔잎에 덮인 서리가 녹기 시작하면 잎들은 촉촉하게 젖어 더욱 그 색이 완연해진다. 하얀 서리가 녹을 때 촉촉하게 젖은 솔잎 색깔은 신비할 정도로 아름답다. 그 짧은 길을 지나면 또 잘 관리된 묘지가 나오는데 봄이면 그 부근에 보라색 제비꽃들이 많이도 피어난다.

그 묘지를 지나면 솔방울들이 듬성듬성 떨어져 있는 오르막길이 나오는데 숨이 가쁠 만큼 비탈이 심한 것도 아니고 길이 멀지도 않다. 이 길에서는 솔숲 사이로 가까이 호수가 보인다. 나는 여기서 소나무에 기대어 길게 호흡을 한다. 이 길에도 봄이면 꽃보다 고운 나뭇잎들이 눈부시게 피어나고, 여름이면 싸리꽃이 피어난다. 가을에 물드는 싸리나무 잎은 그 얼마나 앙증맞고 고운가.

이 고개를 넘으면 또 묘지가 나온다. 이 묘지는 늘 응달이다. 늘 솔잎이 소복소복 쌓여 있고 그 솔잎 아래에는 파란 이끼들이 자라나 땅은 더 폭신폭신하다. 봄이면 이 묘지 부근에 도토리 어린 싹이 돋아나 나를 오래오래 앉아 있게 한다. 이 묘지를 지나면 이 산에서 제일 큰 소나무가 있는 길이 나온다.

내리막길인 이 좁은 오솔길은 이 동산에서 제일 긴데 나는 이 길을 올려다보거나 내려다보는 것을 좋아한다. 이 길에 들어서면 아이들 소리가 해맑게 들려 나는 가슴이 뛴다. 아주 작은 길이지만 내가 제일 좋아하는 길, 어느 땐 아무렇지 않게 보이다가도 어느 땐 번뜩 새롭게 보이는 길, 이 숲에 처음 들어섰을 때부터 나는 이 길에 반했다. 이 길을 내려서면 바로 평평한 길이다. 늘어선 키 작은 나무들의 실가지 끝에는 떨어진 솔잎들이 대롱대롱 걸려 있기도 하다. 이 길을 지나면 처음 들어섰던 묘지가 나온다.

어느덧 나는 이 작고 어여쁜 솔숲을 한 바퀴 다 돌았다. 잎이 무성한 여름이면 나는 이 숲의 좁은 길을 잘 다듬어놓는다. 커다란 전지가위를 가지고 길가의 풀과 나뭇가지 들을 다듬고 나면 예쁜 오솔길이 된다.

마음이 괴로울 때나 무슨 생각을 정리해야 할 때면 하루에도 두세 번씩 이 숲에 든다. 그럴 때마다 이 작은 길 곳곳은 내게 늘 새롭게 빛나는 모습을 보여준다. 잎이 져서 텅 빈 숲에 빛이 들 때나, 꽉 찬 여름숲에 햇살이 들 때 나는 늘 감탄한다. 때로 너무나 산뜻한 오솔길 때문에 내 생각의 끝을 잃어버리고 헤맬 때도 있다.

오늘은 오후에 한번 더 그 숲에 갈 일이 있었다. 햇살을 받아 살아나는 것 같은 솔잎 위 도토리나무 잎들의 빠스락거리는 소리를 쪼그려 앉아 오래오래 듣다 왔다. 걷다가 뒤돌아보면 느껴지던 소나무들과 작은 길 위에 떨어진 솔방울과 칡잎과 가랑잎과 삭정이 들의 아름다운 적요를 나는 사랑한다.

그 숲은 큰 숲이 아니다. 아주 작은 숲이다. 빨리 걸으면 십 분도 걸리지 않는다. 그러나 그 숲은 내게 작은 숲이 아니다. 오르막과 내리막과 평탄한 길이 있는 이 길은 내게 하나의 우주다.

나를 찾아온 사람들에게도 이 솔숲을 잘 보여주지 않는다. 이따금 아이들과 이 숲에 들어 글쓰기도 하고 그림 그리기도 하지만, 나는 이 솔숲에 아무하고나 가지 않는다. 사람들은 이 솔숲의 어여쁨을 잘 알려고 하지도 않고 또 내가 아무리 이야기해보아야 이 솔숲을 이해하지 못한다. 남에게는 설명이 안 되는 일이 누구에게나 하나쯤은 있는 것이다. 나는 이 세상 어느 숲길보다 가난해 보이고 소박하고 꾸밈이 없는 이 작은 숲길을 좋아한다. 이 길은 내 가슴에 그려진 나의 길이다. 이 세상에서 무엇을 사랑해야 할지 아는 이가 있으면 나는 그이와 함께 올봄에 이 숲에 들리라. 세상을 살 줄 아는 이가 있다면 나는 이 숲에 그이와 함께 들 것이다.

봄이 오면 겨울을 이겨낸 작은 실가지 끝에서 새잎이 피어나고 솔잎들은 더욱더 싱싱하게 푸를 것이다. 이 작은 솔숲 아래 진달래꽃이 피어나면 아이들은 진달래꽃을 한 아름씩 꺾어 들고 새들처럼 재잘거리며 이 푸르른 솔숲 길을 가리라. 그러면 이 숲은 더욱 싱싱하리라.

이 글에 어울릴지 모르지만, 나와 아이들과 청솔모와 다람쥐와 작은 박새가 사는 이 작은 솔숲에서 쓴 시 한 편을 감히 여기 적는다.

단 한 번의 사랑

이 세상에
나만 아는 숲이 있습니다.
꽃이 피고
눈 내리고 바람이 불어

차곡차곡 솔잎 쌓인
그 길에서
오래 이룬 단 하나
단 한 번의 사랑
당신은 내게
그런 사랑입니다.

길에서

우리 집에서 내가 다니는 직장까지의 길은 논길이었다가, 마을을 지나는 큰길이었다가, 강물을 거슬러올라가는 강길이었다가, 때로 공짜로 경운기를 얻어 타는 길이 되기도 한다. 이 여러 갈래의 길 중에서 내가 가고 싶은 길은 일정하게 정해져 있지 않다. 내 생각이 미치는 대로 그냥 걷는다. 강변길과 논두렁길을 걸어다니는 것은 풀잎에 이슬이 맺히기 전까지이다. 풀잎에 이슬이 맺히면 신과 양말과 바짓가랑이가 젖기 때문이다.

늦은 가을부터 풀잎이 자라기 전까지는 일정한 길이 없다. 되는 대로, 내 마음이 가는 대로 아무 곳이나 가면 다 길이다. 금방 벼가 잘려나간 논에 들어서서 벼 포기를 밟으며 걷기도 하고 논두렁을 타고 넘기도 하고, 강길로 가거나, 들 가운데에 있는 아주 작은 산 밑으로 가기도 한다. 아, 좋다. 서리가 하얗게 깔린 겨울 아침 빈 논을 아무렇게나 걷고, 짧은 겨울해가 서산을 넘어간 뒤 산그늘이 내린 들을 걷는 것은 복된 일이다. 그럴 때 나는 이 세상에서 가장 아름다운 시인이 된다.

들길, 강길에 서리가 사라지면 풀들이 자라 꽃을 피운다. 걸럭지나물꽃, 박조갈레나물꽃, 솜다리꽃, 봄맞이꽃, 씀바귀꽃, 작은 풀꽃들이 이루 헤아릴 수 없을 만큼 피어난다. 나는 그 꽃들의 이름을 사전을 뒤적이거나 어머니께 여쭤보고 외우지만 금방 잊어먹는다. 생활 속에서 몸과 맘에 익히지 않기 때문이다. 아무튼 나는 논두렁을 넘나들며 여기저기 피어 있는 풀꽃들을 쭈그려 앉아 바라보는 데 정신을 판다. 어쩌면 저렇게 작은 것들이 그 추운 겨울을 지냈을꼬? 그러다보면 봄이 가고 길 위의 풀들이 발등을 덮는 여름이 온다.

여름이 되면 마을길, 그러니까 정식으로 난 큰길을 따라 다닌다. 이 길이 내 직장까지의 가장 먼 길이기도 하다. 이 길도 아름답고 곱긴 마찬가지다. 집에서 강길을 따라 한참을 가다보면 들 복판으로 굽잇길이 나 있다. 아래로는 논이고 위로는 밭인 그 길을 조금 더 가면 산이 나오고, 길가에는 커다란 느티나무 한 그루가 서 있다. 그리고 마을이 나오고 들이 있는데, 그 들 가운데로 길이 나 있다. 길은 한 마을을 지나다가 차도로 이어진다.

이웃 마을을 지날 때, 아침안개와 저녁연기 속에서 참새들의 지저귐을 듣고, 나이 든 농부들과 지게 진 사람들, 그리고 물동이를 인 아낙네들과 만난다. 그리고 저문 날의 그 봄 보리밭의 푸름과 한여름날의 싱싱한 벼들을 나는 본다. 모가 자라서 익기까지의 그 긴 시간 동안 나는 하루도 거르지 않고 그 길을 걸어다닌다.

나는 친구도 없다. 모두 시골을 떠났기 때문에 나는 늘 혼자다. 혼자는 좋다. 이슬 맺힌 들길을 혼자 외롭게 걷는 것은 나에게 아름다운 평화를 가져다준다. 늘 보는 들, 늘 만나는 농사꾼들, 어디서 구부러지는지 눈을 감고도 훤히 아는 길, 그리고 늘 보는 산과 그 산의 나무들과 꽃과 밭의 곡식들에 나는 늘 감동하고 감격한다.

그들은 늘 정직하고 마음에 문이 없다. 그들에게는 가져갈 것도, 꼭 간수해야 할 것도 없으므로 경계할 그 어떤 이유도 없다. 그들은 보이는 모습 그대로 믿으면 된다. 늘 거기 있는 나무와 산과 물이, 논과 밭과 곡식들이 이러하니 그들이 다 내 동무요, 서로가 서로의 것이 된다.

내가 다니는 길 중간에 우람하게 서 있는 느티나무는 보면 볼수록 의젓하고 품위가 있다. 그 크기는 들을 다 덮고도 남는다. 이 느티나무가 없는 길을 나는 상상해보지 않았다. 만약에 이 느티나무가 없다면 이 들길, 이 들판은 얼마나 쓸쓸하고 적막할까. 아주 적당한 곳에 맞춘 듯 서 있는 이 느티나무에 잎이 피어나기 시작할 때 그 아래를 지나면 나는 설레는 마음을 주체하지 못한다. 나무에 잎이 무성해지면 사람들은 그 아래에 와서 못밥을 먹고, 매미 소리를 들으며 고된 몸을 식힌다.

이날 이때까지 나는 하루에 두 번씩 이 나무 아래를 지나다녔다. 나는 늘 이 느티나무 아래에서 쉰다. 여름날 이마와 등줄기를 타고 흐르는 땀을 식히려고 나무에 등을 기대고 나무뿌리에 앉으면, 아, 서늘하게 개어오면서 온몸에 냉기가 도는 듯했다. 들에서 일어나 불어오는 바람은 또 얼마나 시원한가.

가을이 되면 이 느티나무는 찬란하게 단풍물이 든다. 느티나무 아래에는 온갖 가을 풀꽃들이 피어나고, 근방에 있는 감나무에서는 감들이 붉게 익어간다. 주렁주렁 매달린 감들은 마치 꽃등 같다. 황금색으로 물든 벌판과 돌담에 늦게 피어난 호박꽃, 파랗게 자라는 배추들은 내 마음을 풍성하게 한다. 내 살림살이는 늘 조촐하지만 이런 것들이 다 내 것이므로, 아니 누구의 것도 아니므로 나는 늘 부자 행세를 한다.

모든 잎들이 떨어지고 마른 풀들도 편안히 눕고 곡식들도 들을 떠나 나이 든 농부도 오지 않는 빈 들이 되면 하얀 서리를 밟으며 다시 논두렁길을 가기도 하지만, 이때부터 나는 강길을 간다. 강길은 길게 휘어져서 멀다. 징검다리를 건너며 듣는 아침 물소리는 나를 깨운다. 어쩌다 겨울비라도 내려 물이 불어 징검다리가 넘으면 나는 맨발로 징검다리를 건너기도 한다. 강가에 앉아 차가운 물에 빨갛게 언 얼얼한 발을 비비며 양말을 신는다. 시린 가을물, 이른 봄물을 나는 많이도 건너다녔다.

마른 강 풀잎에 서리가 몇 번 하얗게 내리고 나면 어느 날 문득 내 이마에도 눈이 내린다. 하늘 가득 내려와 마른 풀잎에 사륵사륵 내리는 눈송이들, 느티나무 실가지 끝에 얹히는 눈송이들, 강물로 한없이 사라져버리는 눈송이들. 나는 강물에 드러난 바위 위에 적막하게 쌓이는 눈과 바위 그림자의 고요함을 느끼며 그것들 곁을 걸어다닌다.

눈보라가 들판에 몰아치면 나는 느티나무 뒤에 숨어 눈보라를 피하며 지나온 날들을 떠올리곤 한다. 일 년의 끝에서 봄부터 겨울까지 지나온 길을 생각한다. 감동으로 바라보던 꽃과 새소리에 놀라 문득 섰을 때 사방에서 일어서던 봄 물소리들, 태풍에 쓰러진 벼를 일으켜세우는 농부들의 굽은 허리에 떨어지던 햇살들, 가뭄에 타들어가는 논밭의 곡식들과 소낙비를 맞고 일어서던 풀잎들을 보며 나는 그렇게 이 길에서 살았다.

나는 초등학교 때부터 지금까지 30년이 넘도록 이 길을 크게 벗어난 적이 없다. 내 유년과 청춘 시절, 그리고 중년은 이 길에서 기뻤고, 슬펐고, 외로웠으며 행복했다. 나는 이 길에서 세계를, 세상을 보는 눈과 마음을 얻었다. 흘러가는 물가에 앉아 시를 썼고, 외로우면 나무 곁에 서서 혼자 울었다. 나는 이 길에서 사람이 되었다.

이 길로 갈까 저 길로 갈까 망설이다가 이슬이 없으면 강길로 들어서던 날들, 무릎까지 푹푹 빠지는 눈길을 혼자 신나하며 걷던 날들, 사는 일에 지칠 때 산그늘 내리는 강가에 앉아 쉬던 날들, 거기 그 자리에는 아름다운 길과 깨끗한 들녘, 그리고 느티나무가 수많은 가지로 우뚝 서 있었다. 그 모습들은 내게 늘 세상에 대한 신뢰와 인간에 대한 사랑을 일깨워주었다.

풀꽃들이 피고 지는 그 길은 세상의 어느 길로도 다 통하는 시인의 길이었다.

푸른 보리밭에 배추장다리 꽃

꽃 다 지고 새잎 핀다.

올봄에는 무슨 바람이 불었는지, 꽃들이 한꺼번에 우우 피어나는 바람에 꽃을 따르는 사람들은 숨이 다 막힐 지경이었다.

강 건넛마을에 매화나무 피더니, 마을 가운데쯤에 산수유꽃 피고, 그 이튿날쯤 살구꽃, 벚꽃이 피어났다. 솔숲 아래 진달래꽃 피어나더니, 밭둔덕이나 산자락 아래 무슨 놈의 물싸리나무꽃은 그렇게나 흐드러졌는지. 아, 산비탈 벼랑 끝 아침 산그늘 속에 아슬아슬 산복숭아꽃, 작은 마을 뒤에 희고 고운 배꽃, 과수원에 아련한 복숭아꽃, 산 아래 개울가에 산철쭉꽃, 먼 산마루에 산벚꽃이 흰 산을 이루더니, 이제 다 컸다.

산벚꽃잎 날아드는 강가에 앉아 물을 보거나, 밭두렁에 내 키같이 작은 산복숭아꽃과 나란히 서보거나, 하얀 꽃잎이 날리는 배나무 과원을 바라보거나, 길을 가다 탱자나무의 하얀 탱자꽃을 허리 굽혀 보는 일이나 다 아름다운 일이다. 그러나 보아라, 사람들아. 봄날의 꽃들 다 졌다. 봄날의 그 꽃들 다 일장춘몽이다.

내가 다니는 길가 작은 들 가운데에 푸른 보리밭 한 떼기가 있다. 산과 들에 꽃들이 앞다퉈 피는 사이 보리 잎이 정강이에 닿을 만큼 자랐다. 보리 잎에 아침이슬이 맺혀 반짝일 때마다 나는 옛날 보리밭을 매던 사람들이 자꾸 떠올랐다.

하얀 수건을 쓰고 푸른 보리밭 고랑에 앉아 보리밭을 매던 어머니는 동생 젖을 먹이러 갔었다. 어머니가 동생 젖을 먹이는 동안 푸른 밭머리 배추장다리꽃에 날아드는 배추흰나비를 가만가만 잡았었다.

꽃이 다 지고 새잎이 핀다. 봄날은 꿈같이 가고, 연두색에서 초록으로 건너가는 저 눈부신 푸름 속 작은 보리밭에 잘못 나서 자란 노란 배추장다리꽃 몇 포기가, 이 봄 나를 오래오래 잡고 있다.

가을이다

가을이다.

어느 날 문득 가을이 우리 곁에 왔다. 소매 끝을 스치는 바람이 어제와 다른가 싶어 먼 산을 바라보니, 산빛도 강가에 나뭇잎 부딪치는 소리도 어제와 다르다. 우리 몰래 세월은 벌써 이렇게 훌쩍 흐른 것이다. 둘러보면 산뿐 아니다. 태풍에 시달린 나무 이파리들도 상처를 쓰다듬으며 어느새 색깔이 퇴색해간다. 큰물에 쓰러진 개울가 고마리꽃이며, 물봉선화며, 구절초도 꽃을 환하게 피웠다.

이제 이 세상의 모든 나무와 풀들은 한 계절을 정리하고 있다. 쓰러졌으면 쓰러진 대로, 꼿꼿하게 서 있으면 서 있는 대로 그것들은 살아온 세월 앞에 깊이 고개를 숙이며 익어간다. 논두렁을 넘어 찰

랑찰랑 익어가는 벼며, 콩밭의 키 큰 수수도 제 무게로 고개를 숙였다. 큰바람 속에서도 제 몸을 잘 간수하여 붉어져가는 대추야, 감아, 알밤들아, 모진 바람을 이긴 곡식들아, 풀들아, 나무들아, 콘크리트 벽 속에서 소주를 마시며 더위를 이겨낸 사람들아. 모두 애썼다. 작든 크든 시련을 딛고 일어선 것들은 산들바람 부는 이 가을하늘 아래 모두 눈부시다.

밤길 풀섶에서 들려오는 풀벌레 울음소리와 깊은 밤 어디선가 애절하게 우는 귀뚜라미 소리는 한 계절의 쓸쓸한 모퉁이를 돌아가는 나로 하여금 문득 소슬해지는 어깨를 추스르게 한다. 나는 잘 살았는가? 나는 지금 잘 살고 있는가? 이렇게 살아도 되는 것일까? 가을은 자기를 들여다보게 하는, 자기에게 더 외로운 계절이다.

생각해보면 우리의 삶은 얼마나 외롭고 쓸쓸한가. 내가 온 힘을 기울여 애쓰는 이 수고가 세상의 어디에 소용이 된단 말인가. 끝까지 놓지 않으려는 내 몫인 것 같은 이 재물과 권력과 지식은 그 얼마나 하찮고 부질없는 것들인가. 눈앞에 놓여 있는 커다란 떡에 눈멀면 훗날 그 떡보다 더 큰 욕을 먹는다는 것을 알라. 진실을 두려워하고 역사를 두려워하라. 한 줌 권력이 들꽃보다 낫다는 생각을 나는 해보지 않았다.

해 지는 들길에서

사랑의 온기가 더욱더 그리워지는
가을 해거름 들길에 나는 서 있습니다.
먼 들 끝으로 해가 눈부시게 가고
산그늘도 묻히면
길가에 풀꽃처럼 떠오르는
그대 얼굴이
어둠을 하얗게 가릅니다.
내 안의 그대처럼
꽃들은 쉼 없이 피어나고
내 밖의 그대처럼
풀벌레들은
세상의 산을 일으키며 웁니다.
한 계절의 모퉁이에
그대 다정하게 서 계시어
춥지 않아도 되니
이 가을은 얼마나 근사한지요.
지금 이대로 이 길을 걷고 싶고
그리고 마침내 그대 앞에

하얀 풀꽃 한 송이로 서고 싶어요.

어느 가을, 나는 힘없고 가난한 내 사랑에 따뜻한 온기를 주고 싶어 해 지는 들길에 앉아 이 시를 썼다.

내가 근무하는 작은 학교 운동장에 서늘한 산그늘이 내려온다. 아이들이 놀다가 돌아간 운동장은 산뜻하게 비어 있다. 소슬바람이 부는 산 아래 두 손을 편히 내려놓고 서서 산을 올려다본다. 어쩌면 산은 저리 변함이 없을꼬? 산그늘은 천천히 내려오며 작은 마을을 덮고 푸른 강을 건너 앞산을 오른다. 해 지는 동네도, 강변의 풀잎들도 참 곱다. 서산에 걸린 해에서 쏟아지는 햇빛에 발광하는 저 찬란한 가을논과 강의 풍경을 함께 보는 일은 행복하다. 보아라. 저 메밀잠자리들은 내가 밥 한 숟갈 주지 않았어도 푸른 하늘을 자유롭게 날아다니고, 저 풀잎들은 그대가 눈길 한번 주지 않았어도 저렇게 아름답게 꽃을 피우고 열매를 맺어간다.

가을이다. 한 계절의 모퉁이를 돌며 나는 나에게 진정 다시 묻고 싶다. 너의 가을은 저 파란 우리나라의 가을하늘처럼 참말로 근사한가?

저문 들길에 서서

세월은 잘도 간다.

모내기를 한 지가 엊그제 같은데 벌써 벼들이 허리가 넘게 자랐다. 손을 대면 베일 것처럼 볏잎들은 성이 나 있다. 이런 날, 이렇게 날이 저물어 산그늘이 곱게도 내리는 날, 하얀 옷을 입고 머리가 허연 농부가 뒷짐을 지고 논두렁길을 천천히 걸어간다면, 아니면 볏잎 끝에 맺힌 이슬들을 손으로 툭툭 치며 늦게 돌아가는 아이들이라도 두엇 들길에 있다면, 들길은 더없이 평화로우리라.

지금은 당분간 떠나가 있지만, 나는 평생 이 강길과 논두렁길을 걸으며 살았다. 초등학교를 다닐 때의 6년과 선생으로 30여 년을 사는 동안 나는 한길을 걸어 학교에 오갔다. 보리가 익으면 보리를 그슬려 먹고, 모내기를 하면 못밥을 얻어먹기 위해 어머니를 찾아 논두렁을 건너뛰며 신이 났고, 가을이면 벼 베는 논에 가서 메뚜기를 술병 가득 잡아다가 볶아먹었다.

하얗게 눈이 오는 들판 길을 내달리다 무논에 얼음이라도 얼면 해 지는 줄 모르고 얼음지치기를 하였다. 마침내 어둑어둑해지고 양말과 옷이 다 젖어야 추워서 벌벌 떨며 집으로 갔다. 늦가을이면 사람들은 물이 다 빠진 봇도랑 바닥을 파 뒤집어 미꾸라지를 잡았다. 봇도랑에 쌓인 흙을 파 뒤집을 때마다 흙과 함께 누렇게 뒤집어지는 미꾸라지를 보며 우리는 시간 가는 줄 몰랐다. 그 봇도랑에 비가 많이 와 물이 불면 팔뚝만한 메기들도 새 물을 타고 올라왔다.

못자리판에서 울어대던 주둥이가 노란 개구리, 모낸 논에 들어가 모춤을 나르고 못줄을 잡다가 먹던 보리가 드문드문하던 흰밥, 못밥 먹고 논두렁에 누워 늘어지게 자던 사람들, 모를 찔 때 파랗게 한쪽으로 몰리던 어린 메뚜기들과 벼 벨 때 한쪽으로 후드득 뛰던 메뚜기들, 이 모두가 논두렁길에서 보던 풍경이다.

빈 들에 자라던 파란 배춧잎과 논두렁의 하얀 억새들이 있는 이 길을 나는 내 길로 알고 평생 걸어다녔다. 나에게 이 작은 들길은 그냥 길이 아니라 세상을 익히고 자연을 배우는 '자연학교'였고, 시와 인간의 길을 가르쳐준 '시인학교'였다. 이제 저 들에는 볏잎 가까이 날던 날렵한 제비 한 마리 없고, 해 저문 들길을 가는 아이들도 사라진 지 오래다.

  세월은 참으로 빠르다. 빠르게 가버린 세월 뒤에 무엇이 남았는가. 남은 것들이 나에게 무엇이며, 나는 지금 어디에서 무엇을 하는가. 오랜만에 나는 적막한 들길에 서서 나에게 묻고 또 묻는다. 나는 지금 정말 잘 사는가?

농부

한 알의 씨를 땅에 뿌려놓고 농부들은 오랫동안 기다린다. 물을 주고, 거름을 주고, 풀을 뽑아주고, 그리고 몇 개월을 기다려 그 씨를 다시 거두어들인다. 한 톨의 씨가 땅에 떨어져 다시 씨가 되어 우리 손바닥에 올라올 때까지의 그 긴 시간, 그 기다림은 거스를 수 없는 순리다.

자연의 순환 속에서 순리를 몸에 익히고 살았던 농부들이 이 땅에서 사라지고 있다. 어린아이가 태어나 자라 자연을 이해하고, 자연을 몸에 익히며, 허리 굽혀 땅을 일구고, 땅에서 얻은 것들로 생명을 이어가며, 자연과 더불어 한몸으로 살았던 농부들은 이제 없다. 이제 농사는 단순히 어떻게 하든 이익만 얻으면 된다. 땅이사

죽든 말든 농약을 뿌리고, 비료를 뿌려 한 해 두 해 많은 수확만 올려 이익만 남기면 되는 것이다.

이제 더이상 땅은 농부의 몸과 마음이 아니다. 땅과 곡식을 자기의 살과 피로 여겼던 농사는 없고 농업만 존재하게 되었다. 사람들이 허리를 굽혀 땅을 일구어 씨를 뿌리고 곡식을 자기 몸과 같이 소중하게 다루는 농사일은 우리의 먹을거리를 생산하는 것 이상으로 사회적 중심을 잡아주는 정서적인 기능을 했다.

이제 땅은 죽고, 물도 죽고, 따라서 사람도 죽는다. 보아라, 날이면 날마다 벌어지는 저 삭막한 사람과 사람 사이의 살벌한 모습을. 곡식이 자랄 때까지 느긋하게 기다리며 농사를 짓던 농군들이 이 땅에서 사라지면서 우리의 삶은 삭막해지고, 각박해지고, 광폭해져가고 있다. 자연을 무시한 생산의 질서는 이 땅 구석구석을 황폐화시키고, 인간 정신을 뿌리째 흔들어 뽑고 있다. 사람들은 먹은 음식과 망가진 땅을 닮아간다.

나는 때로 무섭다. 아름답고 작은 골짜기를 가로지르는 엄청나게 넓은 도로를 보면 무섭고, 논이고 밭이고 아무 곳에나 땅만 나면 엄청난 집을 짓는 사람들을 보면 무섭고, 머리가 띵하고 구역질이 날 것 같은 여름 농약 냄새 나는 논길을 지나면 무섭다.

바다를 막는 새만금을 보면서 우리 인간이 저지르는 저 탐욕이 얼마나 악랄한가를 보았다. 땅이 죽고, 물이 죽고, 갯벌이 죽고, 공기가 죽는데 잘 살면 어떻게 잘 산다는 것이며, 땅과 물과 공기를 죽여놓고 우리가 어떻게 잘 살 수 있다는 말인가? 환경 친화라는 말은 세상에 없는 말이다. 갯벌의 뭇 생명들이 힘없이 죽어가는 시대를 사는 나는, 참말로 지금 내가 먹고 입고 자는 일이 무섭다.

훗날 사람들은 기억하리라! 생명을 향해 절을 한 사람들과 생명을 말살하려는 야만의 얼굴을 한 사람들의 기록을……

인간다운 삶과 진정한 희망이 어디에 있는가? 무슨 시대착오적이고 똥딴지같은 소리냐고 말할지 모르겠지만, 우리의 진정한 희망은 지금 우리가 추구하는 이 무한대의 대량 생산을 위한 자연 파괴의 무지 속에 있는 것이 아니라, 한 포기의 보리 이삭 앞에 앉아 웃고 있는 가난한 농부들에게 있음을 나는 믿는다.

지금도 해 지는 서해 저 보리밭에 앉아 농사를 짓는 나이 든 농부의 모습은, 인간들의 욕망과 오만이 빚어낸 거침없는 자연 파괴와 황량해져가는 인간성에 대한 준엄한 경고이자 인류에게 던지는 희망의 메시지다.

시인? 나는 시인인가?

어떤 시인들은 시를 짓고 나는 시를 쓴다. 나는 살아왔던 내 삶을 쓴다. 시는 자기가 살아온 만큼 쓴다고 나는 생각한다. 그렇다고 해서 내 시가 내 삶을 그냥 날것으로 보여주진 않는다. 그러니까 내 시의 모습이 전혀 화장을 하지 않은 맨살이라는 말은 아니다.

나도 시라는 형식의 화장을 한다. 그러나 내 입술은 아직 립스틱을 바를 만큼 헐지 않았고, 내 눈썹 또한 그럴 만큼 밀지 않다. 더군다나 내 얼굴은 아직 피부가 노화되지 않아 팽팽하다 못해 터질 것 같다. 그래서 나는 살짝 기초화장만 한다. 어떻게 보면 화장을 한 것 같고, 어떻게 보면 화장을 안 한 것 같게 말이다.

그러나 화장을 해본 사람이라면 내가 얼마나 그 기초화장을 면밀

하고, 섬세하게 하는지 눈치를 챌 것이다. 내가 그렇게 화장을 하고 밖에 나가면 매력 있는 부인들(?)은 말한다. "어쩌면 그렇게 화장을 옅게 하고도 어울리세요. 꼭 화장을 하지 않은 것 같네요."

시인은 만물의 소리를 다 듣는 귀와 세상을 다 보는 눈을 갖는다. 물이 흐르고, 풀잎들이 바람을 타고, 풀잎에 새어드는 달빛의 소리를 듣고, 별들이 움직이고, 산이 숨을 쉬고, 나무가 수액을 빨아들이고, 낙엽이 뒤척이는 소리, 마른 잔디 위에 내려앉는 싸락눈 소리도 다 듣는다.

시인은 온몸으로 세상을 다 느끼고 그 느낌을 온몸으로 종합한다. 그리고 시를 쓸 때 시인은 세상을 물리치고 지운다. 무애無涯와 무욕無慾의 경지에서 시인은 홀로 도도해진다. 세상의 그 어떤 경지와 다르다고 나는 감히 말하고 싶다. 나는 청탁을 받고 나서 그 청탁에 응하기 위해 시를 쓴 적이 없다. 나는 그렇게 시를 지어내지 못한다. 써놓은 시가 있을 때만 시를 잡지사에 준다. 나는 시를 중요하게 생각하지 않는다.

어머니는 햇살이 좋은 늦가을 단풍 든 나뭇잎들이 거의 다 지고, 앞강이 파란색을 띠어가는 날, 날을 잡아 창호지 문을 바르신다. 문살에 풀을 다 칠한 다음, 문에 창호지 한 벌을 다 바르고 얼른 마당가에 있는 국화 이파리나 곱게 단풍 물든 담쟁이넝쿨을 따다가 문고리 바로 옆에 무늬를 놓고 종이를 덧바르신다. 국화 이파리를 넣고 그 위에다가 손바닥만한 문종이를 덧바르는 까닭은 그 자리가 문을 열 때 손이 가장 많이 가기 때문에 늘 문에 구멍이 뚫리기 때문이다. 그것을 막기 위한 극히 실용적인 아름다움의 소산이다. 문을 다 바른 후 방 안에서 보면 밖의 밝음으로 인해 그 국화잎은 참 보기도 좋은 은은한 꽃무늬가 된다. 나는 그 무늬를 보며 빛 좋은 늦가을 우리 동네 산천의 경치를 떠올린다. 그것은 우리 어머니의 순수한 예술 행위이다.

나는 내 시도 그만큼이기를 바란다. 살아온 소박한 자연환경과 사람들의 삶이 이루어낸 예술은 아름답다. 내 시가 세상에서 그런 시이기를 바란다. 그러므로 나는 시를 쓴다기보다 그리는 편이다. 시는 내 마음 안에 그리는, 내가 사는 산천의 그림이다. 가지에 하얀 눈을 가득 안고 있는 겨울 응달의 나무들은 아름답다. 그런 모습은 오래오래 내 머리에 남아 있다가 어느 날 시가 된다. 그 어느 날이 어느 날일지는 나도 모른다.

시인은 행복한 사람이다. 시인은 돈이 안 되는 일로 행복을 찾는 사람이다. 밤하늘의 별이 돈이 되는가. 해 지는 서쪽 산자락 하얀 갈대의 눈부신 손짓이 돈이 되는가. 시인은 그러한 것들을 보고 감동하는 사람이다. 시를 읽고 감동하는 것이 돈은 되지 않지만 행복을 가져다준다는 것은 아름다운 현실이다.

시인은 또 기다릴 줄 아는 사람이다. 그 기다림이 오랜 세월 가슴에 묻어 있다가 아름다운 꽃을 보고 간절한 마음이 되어 나타나기도 한다. 간절한 마음에서 저절로 우러나오는 것, 저절로 꽃피는 것 그게 시다.

　시인은 늘 새로운 눈으로 세상을 해석한다. 거대한 사상이나 거대 담론들도 시의 일상성에는 맥을 추지 못한다. 시는 인류 앞에서 늘 최초의 말이다. 그 말을 가지고 사람들은 세상의 첫마디를 하는 것이다.

　시는 인생이다. 시인이 인생의 길에 들어설 때만 시가 나온다. 인간 세상을 바라보는 바른 눈을 가질 때만, 인생의 깊이와 허무를 알기 시작할 때만, 거짓 시와 억지로 만들어낸 시가 아니라 인간을 이해하는 따뜻한 시가 나온다. 만들어진 것이 아니라 삶의 진정성과 그 깊이에서 우러나오는 시. 그렇다, 시는 삶에서 나오는 것이다. 진정성만이 사람들에게 감동을 준다. 그럴 때만 시는 오래 기억되고 생명력을 얻는다.

　시는 반짝이지 않고 지긋한 것이다. 시 속에서 사는 그 어떤 것도 탐하지 않는다. 우리는 세상을 살아가면서 천지 사방팔방이 꽉 막혀 더는 어떻게 하지 못하고 아무 데나 그냥 쭈그려 앉아버리고픈 인생의 캄캄함 앞에서 이렇게 탄식한다. "인생아, 너를 어쩌럴 허끄나." 거기 시가 작은 불꽃처럼, 찬바람 부는 이른 봄날 양지쪽의 시루나물 풀꽃처럼 숨을 쉰다.

시인은 초겨울 텅 빈 들판에 첫서리를 하얗게 쓰고 서 있는 큰 느티나무 같아야 한다. 사람들은 나에게 말한다. "독자를 두려워하라"고. 그러나 나는 한 번도 독자를 생각하고 글을 쓰지 않았다. 내가 두려운 것은 늘 나였다. 인생에서 나 말고 또 누구를 두려워하란 말인가. 나를 용서하지 않는 용기는 그 누구에게 있는 것이 아니라 나에게 있는 것이다. 진실만이 두렵다. 자기 자신을 향한 정직만이 두려운 것이다. 극단적인 것 같지만, 어떤 일이든 가치 없으면 고민해야 할 이유가 사라지는 것이다.

우리가 시인을 사랑하는 것은 시인이 그 누구보다 자기 자신을 사랑하기 때문이다. 시인은 그렇게 초겨울 텅 빈 앞산에 흰 서리를 쓰고 서 있는 소나무처럼 추상秋霜같아야 하는 것이다. 도대체 시인이 그 어디에, 그 누구에게 고개를 숙인단 말인가.

시인은 '죽어가는 것들을 사랑하는' 사람이다. 시인은 세상의 부귀와 화려함을 좇지 않는다. 시인은 버림받은 것들, 남들이 잘 거들떠보지 않는 하찮은 것들, 억압받고 착취당한 것들을 사랑한다. 그런 것들에게 시인은 시인의 눈을 주어 생생하게 되살려내는 것이다.

사랑은 무엇인가. 사랑은 부활이다. 시인은 그래서 죽어가는 것들을 살리는 것이다. 그래서 시인은 죽어 썩을망정 시는 살아 사람들의 가슴에 살면서 감동을 주는 것이다. 시인은 보이지 않고 시만 보여야 그게 정상이다. 오늘날 시는 보이지 않고 욕심 사나운 시인의 몰골들만 앙상하고 누추하게 세상에 판을 친다. 유감이다.

사람들은 또 내게 묻는다. 시와 교사 중 어떤 것에 더 비중을 두느냐고. 나는 이 물음에 견딜 수 없는 모욕을 느낀다. 시인과 교사를 어떻게 구분한단 말인가. 시와 인생과 시인을 어떻게 분리시켜 따로 생각한단 말인가. 이 질문은 다분히 권력을 차지하고 그 권력을 유지하려는 지배 집단의 의뭉한 질문이다. 무엇이든 분리시켜 힘을 분산시키려는 악의적인 의도를 감춘 질문이 아닐 수 없다.

정치와 시를 구분할 수 있다고 믿는가? 정치와 긴장을 잃어버린 시가 시라고 생각하는가? 지배 집단은 일과 놀이를 분리시켜왔다. 일과 놀이를 분리시켜 힘을 분산시켰던 것처럼 예술을 정치에서 따로 떼어 평가하기에 이르렀다. 정치적인 것이 나쁜 것이 아니라 때로 자기의 몸과 맘을 권력 집단에 맞추어서 무엇인가 이득을 노리는 것이 더러운 것이다.

시인은 권력을 온몸으로 거부해야 한다. 세상에 신성한 권력은 없다. 그런 정권도 없다. 나는 정치가 그 시대를 교육시키는 가장 아름다운 사람들의 양식이어야 한다는 데 대해서는 동의하지만, 사람을 교육시키는 향기가 나는 정권은 세상에 없다. 그 정권이 어떤 정권이든, 정치와 긴장을 잃어버린 시는 타락이다.

시인을 시인이라 부르는 것은, 시인이 인간 정신을 지키려는 마지막 벼랑에 서 있는 사람이기를 바라기 때문이다. 시인들이 시인정신을 내팽개치고 나면 초라하고 천박한 예술가로 전락하는 것이다. 시인의 앞과 뒤에는 그 어떤 말도 붙지 않아야 한다. 시인은 그냥 '시인'이다. 세상의 가장 중심에 있거나, 밖에서 인간 정신을 사수하려는, 온몸으로 세상에 빛을 발하는 인간이어야 하는 것이다. 그 정신의 힘은 대지에서 솟아난다.

나무는 세상을 돌아다니지 않고, 태어나 그 자리에 뿌리를 박고 서서 이 세상에 필요한 것들만 다 만들어낸다. 그것도 언제 바라보아도 아름다운 것들을. 나무에 별이 뜨고, 새가 날아와 울고, 눈이 내리는 것, 그게 시다. 어찌 뿌리와 가지와 대지와 해와 겨울 나뭇가지에 부는 매운바람이 따로따로 있겠는가.

시인은 구도자다. 세상을 표표히 떠나지만, 세상의 한가운데에 서 있다. 시인이 마지막 다다를 곳은 늘 처음이다. 돌아오지 않고 어찌 떠나겠는가. 떠나지 않고 어찌 돌아오겠는가. 있는가? 없는가? 시는? 있다.

나는 스물한 살 때부터 산골마을의 작은 학교에서 아이들과 지냈다. 내 인생의 시작이었다. 산이 있고, 강물이 있고, 마을이 있고, 농업의 아름다운 견딤, 그리고 기다림과 느린 그리움이 있고, 연달아 풀꽃들이 피어나고, 뒤이어 눈이 내리고 바람이 불었다. 낮 동안이면 나는 아이들과 놀았고, 밤이면 외로움과 적막과 고요한 달빛들이 내 방을 찾아 들어왔다.

나는 그 자연과 오래오래 긴장과 갈등 속에 있었다. 그리고 많은 세월이 흐른 후 나는 그 자연과 함께 내 방에서 뒹굴며 놀았다. 나는 화해와 팽팽한 긴장을 그 자연에서 배웠다. 소쩍새 소리를 소쩍새 소리로 들을 수 있는 시절까지 나는 참으로 많은 밤을 뒤척이며 지냈다. 객관, 이 말이야말로 나에게는 참으로 피눈물 나는 말이다. 나는 늘 물 앞에서 목이 마르고 무엇엔가 간절했다. 깊은 절망과 좌절의 끝에서 불꽃처럼 깜박 사라지려는 내 인생을 살려낸 것은 바람이었다. 강물 소리였다. 밤의 적막으로 나는 내 인생을 키웠고, 아이들 속에서 나는 시인을 발견했다.

내가 지금 근무하는 학교는 아름다운 곳이다. 사철 푸른 솔숲이 있고 작은 하얀 운동장에 아이들이 뛰놀고, 운동장 끝에는 파란 호수가 걸려 있다. 이 글을 쓰는 지금 아이들이 내 곁에 와서 내 몸에 자기들 몸을 치대며 놀고 있다. 창밖엔 오월의 싱그러운 잎이 눈부시게 피어나고 있다.

학교 운동장가에는 봄부터 가을 늦게까지 수많은 풀꽃들이 피어난다. 사람들은 그냥 스쳐지나가지만 나는 날이면 날마다 그 풀꽃들을 바라보며 감동하고, 행복해한다. 나는 시인이고 싶은 것이다. 나는 내 숨이 다하는 날까지 아이들과 함께 시를 쓰며 지내고 싶다. 나는 산골의 작은 학교 교실 하나만 있으면 된다. 멀리든 가까이든 강과 마을이 보이고, 농사를 짓는 사람들이 있고, 풀꽃이 피고, 아이들이 내 방을 수시로 드나들면 된다. 내 꿈은 그것뿐이다. 아이들이 떠드는 소리가 들리는 낮과 캄캄하고 적막한 밤이 있으면 된다. 적막한 밤을 갖는 것, 그것이 내 꿈이다. 시는 적막 속에서 태어나므로.

아 정말이지, 나는, 강가에 서 있는 한 그루 나무 같은 시인이고 싶다. 도도하고, 평화롭고, 의연하고, 열정과 사랑으로 충만하고, 당당하고, 무심하고, 적막하고, 늙지 않고. 아, 사랑은 어디서 어디로 오는가. 저 푸른 나무처럼 나는 시로 물들고 싶다.

세월아, 나는 시를 쓰고 싶다.

굴참나무에만 굴참나무 잎이 피듯이, 시는 시인 속에서 나온다.

시가 된 편지들

 나는 편지를 아주 많이 썼던 사람이다. 아니 청춘 시절 편지로 하루를 살았던 사람이다. 산중에서 나 혼자 문학을 공부했으니 너무나 외로운 청춘 시절이었다. 책에서 얻은 지식들로 내 생각을 키웠고 편지를 통해 그 생각들을 검증받고 바른 생각인지 확인했다. 편지를 한다는 그 자체가 내겐 커다란 공부였고 외로움을 달래는 길이었다.
 세상을 향한 나의 유일한 통로는 그러므로 우체부 아저씨였다. 방학 때 집에만 틀어박혀 책을 읽고 지낼 때는 우체부 아저씨가 올 시간이면 우리 집 대문에 서서 목을 쭉 빼고 먼 동구 밖을 바라보며 눈이 빠져라 우체부 아저씨를 기다렸다. 나는 우체부 아저씨에게 내 편지를 부치고 내게 오는 편지를 받았다. 생각의 교환이었다. 우체부 아저씨가 오지 않는 날이나, 와도 편지가 없는 날은 내게 우울하고 견딜 수 없는 날이었다.

편지가 안 와도 나는 편지를 썼다. 아무 종이에나 길게 편지를 썼다. 인생에 대해서, 우리 동네 봄 여름 가을 겨울의 아름다운 저묾과 아침에 대해서, 혹은 조국과 민족의 현실을 턱없이 진단하고 우려하고 과장해서 분노하고, 때로는 절망하고 희망에 들뜨며, 때로는 내 편지에 내가 감동하며 내 편지는 끝이 없었다. 대상은 늘 바뀌었다. 그러면서 내 생각은 단단하게 여물어가고 더 넓은 세상을 향해 나아갔다. 나는 그때 사람의 마음이 끝이 없음을 알았다.

어느 해 겨울이었다. 좋아하는 여자와 어디를 갔다가 전주에서 헤어지고 나 혼자 막차를 타고 시골로 왔다. 늦은 시간이었고 달이 높이 떠 있었다. 달리는 버스 안에서 바라본 창밖의 겨울 들판 풍경은 아늑하기도 하고 썰렁하기도 했다. 나는 차창에 이마를 대고 생각에 빠져들었다.

어느덧 늘 내리는 차부에 도착했을 때는 10시쯤이었다. 차부에서 집까지는 작은 들길을 30여 분 정도 걸어가야 했는데 나는 늘 그 작은 들의 달빛이 좋았다. 달빛을 가만가만 밟으며 달빛 아래 마을이며 불 꺼진 낮은 지붕이며 검은 산들을 천천히 보았다. 오만 가지 생각들이 떠올랐다가 물소리를 따라가버리고 달빛에 부서졌다.

나는 집에 와서 편지를 썼다. 그리고 이튿날 부쳤다. 편지를 부치고 나서 생각하니 그 편지글이 다시 보고 싶었다. 잘 쓴 글 같았다. 시가 될 것 같았다. 나는 다시 또 한 통의 편지를 썼다. 어제 보낸 편지를 다시 돌려달라고. 다시 온 편지로 나는 시를 썼다.

섬진강 15
겨울, 사랑의 편지

산 사이
작은 들과 작은 강과 마을이
겨울 달빛 속에 그만그만하게
가만히 있는 곳
사람들이 그렇게 거기 오래오래
논과 밭과 함께
가난하게 삽니다.
겨울 논길을 지나며
맑은 피로 가만히 숨 멈추고 얼어 있는
시린 보릿잎에 얼굴을 대보면
따뜻한 피만이 얼 수 있고
따뜻한 가슴만이 진정 녹을 수 있음을

이 겨울에 믿습니다.
달빛 산빛을 머금으며
서리 낀 풀잎들을 스치며
강물에 이르면
잔물결 그대로 반짝이며
가만가만 어는
살땅김의 잔잔한 끌림과 이 아픔
땅을 향한 겨울풀들의
몸 다 뉘인 이 그리움
당신,
아, 맑은 피로 어는
겨울 달빛 속의 물풀
그 풀빛 같은 당신
당신을 사랑합니다.

'겨울, 사랑의 편지'라는 부제가 붙은 이 시는 이런 내용의 편지였다. 그리고 나는 이 시를 그 여인에게 보냈다. 이 여인과는 결국 헤어졌다. 지금도 나는 그 밤의 달빛과 강과 작은 들과 보릿잎들이 손에 잡힐 듯 생생하다.

그후로도 많은 사람들과 편지를 주고받았다. 시인이 되자 사람들은 내게 찾아오기도 하고 편지도 보냈다. 세월이 갈수록 찾아오는 사람들의 수가 늘어났고 편지들도 많아졌다. 나는 일일이 답장을 쓸 수가 없었다. 그 대신 시를 많이 썼다. 내 시가 곧 세상으로 보내는 내 편지였던 것이다.

지금은 더 많은 편지가 온다. 새로 시집을 내거나 신문에 글을 쓰면 갑자기 편지의 양이 는다. 초등학교 아이들부터 나이 든 할아버지에 이르기까지 다양한 사람들이 내게 답장을 보내는 것이다. 나는 내게 온 편지들을 하나도 버리지 않고 보관하기 때문에 집엔 한 가마니쯤 되는 편지들이 쌓여 있다. 몇몇 고등학교 아이들이 보낸 편지는 참으로 진지하고 감동적이다. 올바르고 자유롭고 나라를 걱정하는 건강한 생각을 하는 중고등학교 아이들이 의외로 많다는 것에 안심이 되기도 했다.

요즘은 올해 대학을 들어간 서울의 한 여학생으로부터 많은 편지를 받고 있다. 그 여학생은 고등학교 시절부터 틈틈이 나에게 써온 편지를 노트 한 권으로 묶어 보내주었는데, 그 여학생의 정신적 발달 과정이 고스란히 담겨 있었다. 대학 노트 한 권의 편지를 한꺼번에 받은 나는 아연하지 않을 수 없었다. 아내가 먼저 읽고 나도 읽었다. 감동적이었다. 그 여학생은 늘 나하고 이야기를 하였던 것이다. 아니 늘 자기에게 자기 생각을 이야기했던 것이다. 그러면서 자신의 정신세계를 넓혀가며 다지고 키웠던 것이다.

편지는 자기를 들여다보는 거울이다.

편지는 간절함에서 쓰인다. 길가에 피어 있는 풀꽃 한 송이나 가을들판 멀리 저문 바람에 나부끼는 억새, 그리고 펑펑 내리는 하염없는 첫 눈송이들을 혼자 보기가 아까워 가장 간절한 사람에게 자기의 생각을 보여주는 자기 고백의 글이다. 편지는 그래서 거짓 없는 자기의 얼굴인 것이다.

이 가을, 해 지는 들판을 보며 가장 그리운 이에게 편지를 쓴다면 그이의 답장이 아름다운 시가 되어 당신에게 오리라.

제4부 — 사랑이 가장 아름다운 현실이다

봄이 오는 강가에서

강에 또 봄이 온다.

세상은 변하고 세월은 흐르는 강물만큼이나 바삐 흘러가지만 오는 봄은 아름답다. 얼음이 풀린 강가에 버들개지가 눈을 뜨면 사람들은 들로 나가 일을 한다. 보리밭에 거름을 주고 나물을 캐고 보리밭을 매고 산으로 나무를 하러 가고. 봄이 오는 산중 마을 사람들은 강물만큼이나 부산했다. 앞산 밭의 보리들이 점점 자라 푸른 물결이 지고 강물에 어른거리면 사람들의 마음은 얼마나 벅차올랐던가. 그러나 이제 앞산 밭에 보리는 없고 강물 따라 버들피리 불며 나물 캐러 가던 처녀들도 보이지 않는다.

그 강에, 그 아름다움만큼 적막하고 쓸쓸한 강변에 봄이 오고 있다. 강변 풀밭에는 쑥이 파릇파릇 돋아나고 새 풀잎이 마른 풀잎 사이로 얼굴을 내민다. 강 언덕에 나이 든 농부가 소와 쟁기로 밭을 갈아간다. 이랴 저랴, 천천히 느릿느릿 소가 가고 농부가 그 뒤를 따른다. 내 가슴도 저렇게 갈아엎어 맑은 햇살 속에 드러내고 싶다.

나는 전문적으로 문학공부를 하지 않았을 뿐 아니라 고등학교를 졸업할 때까지 문학에 대해 관심이 없었다. 우연한 기회에 책들을 가까이하다보니 나도 모르게 문학의 길에 들어섰고 오늘날 사람들은 나를 섬진강 시인이라고 한다.

문학을 공부하면서 나는 언젠가부터 우리 마을을 중요하게 생각했다. 우리 동네 지명이나 앞산 뒷산의 나무며 강가 바위며 논밭 다랑이며 산 능선이며 거기 뜨는 달이나 별들, 그리고 산에 나무하러 가고 짐승들 기르고 들에 가서 곡식 가꾸고 시집가고 장가가고 태어나고 죽는 일들이며, 같이 먹고 같이 놀고 같이 일하는 농민들 특유의 느림과 한가함과 기다림을 나는 몸과 마음에 익히며 살았다.

그 작은 마을에 태어난 사람들의 아름답고 슬픈 인생들을 나는 보았다. 그들이 어울려 살던 마을의 구석구석들을 나는 환하게 알았다. 그 많던 사람들은 어느 때부터인가 하나둘씩 어딘가로 떠나 돌아보지 않았고 마을은 텅텅 비어갔다. 언제부턴가는 설이나 추석이 되어도 사람들이 찾아오지 않았다. 마을은 더욱더 쓸쓸하고 적막해졌으며 아이들이 한 명도 살지 않는 마을이 되어갔다. 아이들이 책가방을 메고 다니던 강길은 비어갔으며 길은 묵어 사라졌다. 길의 사라짐은 내게 견딜 수 없는 슬픔과 고통과 더없는 절망을 안겨주었다. 그 길고 긴 과정에 나는 있었다.

나는 그 긴 과정, 우리 마을의 생성과 번영과 소멸에 관해 글을 썼다. 때로 분노와 슬픔으로, 또 때로는 아름다움과 인간과 자연이 만들어낸 화려한 공동체인 마을에 대한 경탄으로 나는 시를 써왔다.

거기에는 참으로 아름다운, 보기만 해도 행복한 인간과 자연의 순환이 있었다. 가난을 가난하지 않게 하는 문화가 있었고, 사람들이 해와 달과 별과 바람과 비와 함께 있었다. 내 시는 모두 그 속에서 쓰였다. 해가 떠서 지고 다시 뜨고 지는 그사이에서 사람과 사람들 사이, 자연과 사람들 사이에서 벌어지는 일들을 나는 글로 옮겼다. 나는 그게 시인지도 몰랐다.

나는 어머니와 아버지의 말씀을 시로 가져갔으며 큰집 할머니의 죽음을 그대로 옮겼다. 그게 시가 되었다. 나는 농사짓고 고기 잡으며 사는 모습들도 그대로 옮기려 애썼다. 내겐 어려운 시어도 필요 없었다. 쉬운 말들이 시가 되어주었다. 내 시들에는 길고 깊이 있는 해설이 필요 없다. 나는 그런 쉬운 말들을 사랑했다.

글자를 읽지 못하는 시골 할아버지들이 내 글을 읽어주면 좋아라 했다는 말을 들었다. 우리 어머니도 글자를 모르지만 아내가 읽어주는 내 시를 듣고 "하이고 우리 용택이가 어쩌면 내 이야그를 그렇게나 영그락나게 해부렀다냐" 하며 좋아하셨다는 소리를 들었다. 그렇다. 나는 그랬다. 글이 없어서 그들이 그들의 말을 잃어버리고 살 때 그들의 말을 글로 옮기기를 즐겨했다. 마을의 모든 것들이 다 말이 되고 글이 되어 내 시에서 춤추고 놀기를 원했다. 그렇게 내 맘 먹은 대로 다 되었다고 생각하진 않지만 나는 있는 힘을 다해 그렇게 하려고 노력했다.

우리 동네의 모든 것들을 나는 다 쓰고 싶다. 이 작은 마을에 태어나 거기서 자라 이렇게 큰 복을 누리며 살고 있으니, 내가 할 일은 우리 마을의 모든 것을 이야기로 이 세상에 남기는 것이라고 믿는다. 늘 말하지만 나는 글 쓰는 사람으로 많은 복을 타고 태어나 살고 있다. 그 복을 내 복으로 만들기보다 우리 마을의 복으로 만들 의무와 책임이 내겐 있는 것이다.

나는 작년부터 내가 태어난 마을을 떠나 처음으로 이웃 면에서 아이들을 가르치고 있다. 스물두 살 때 문학과 함께 시작한 이 생활을 사랑한다. 아이들 앞에서 나는 지금 머리가 하얘지고 있다. 올바른 삶 속에서 좋은 글이 나온다고 믿는다. 나는 늘 글이 아니라 내 행동과 내 삶의 내용을 중요시해왔다. 나는 훌륭한 시인도 훌륭한 교사도 아니지만 열심히 살았다. 내 삶 속에서 나다운 나의 시가 태어나길 바랄 뿐이다.

내가 좋아하는 것들

나는 바람 부는 봄날의 숲을 좋아한다. 넓적넓적한 도토리나무 잎이 피어난 숲에 바람이 불면 나뭇잎들이 하얗게 뒤집혀 커다랗게 흔들린다. 키가 크게 자란 나무도 천천히, 아주 천천히 흔들린다. 마치 거대한 바다의 출렁거림처럼 숲은 한덩어리가 되어 흔들리는 것이다. 마치 산이 파도를 타고 떠가는 것처럼 보인다. 그 크고 느리고 거대한 흔들림을 누워서 바라보노라면 내가 지구와 함께 흔들리는 것 같다.

나는 작은 산골짜기를 좋아한다. 감나무 잎이 그리 많이 피지 않고, 감도 그리 많이 열리지 않는 몇 그루의 키 큰 감나무가 밭가에 서 있고, 몇 떼기의 밭 아래에는 작은 논들이 계단을 이루며 벼가 노랗게 익어가는 작은 골짜기를 나는 좋아한다. 그 골짜기의 초가을, 해맑은 햇살 속에 물봉선화나 구절초꽃, 고마리꽃, 그리고 저물녘 억새들의 흰 손짓이 나는 좋다. 풀잎, 과일, 논, 밭, 그리고 농부.

나는 느티나무를 좋아한다. 가난한 마을 앞이나 뒷동산 마을 경계에 서 있는 커다란 느티나무에 잎이 피는 봄날이나, 단풍 물든 가을날의 모습은 가난한 마을을 풍요롭고도 포근하게 해준다. 여름 한낮의 느티나무 그늘과 매미 울음소리와 농부들의 낮잠 자는 모습은 어떻게 보아도 나무를 나무답게 해준다.

아, 달이 뜬 밤 달그늘 내린 느티나무 아래에서 소쩍새 소리를 듣던 밤이여! 눈이 오고, 서리가 내리고, 바람이 불면 느티나무 실가지들은 윙윙 소리를 내며 겨울밤을 운다.

나는 아이들이 노는 모습을 30년째 바라보며 산다. 지금도 나는 아이들이 운동장에서 노는 모습을 창문에 턱을 고이고 앉아 바라본다. 아이들의 몸짓은 심심함을 모른다. 그들의 쉼 없는 움직임은 꽃이 피는 모양과 같이 늘 빛난다. 운동장에서 놀고 있는 아이들을 향해 내가 고함을 질러 부르면 아이들은 놀던 발길을 뚝 멈추고 일제히 나를 향해 뛴다.

오! 나를 향해 뛰는 아이들의 저 거침없는 몸짓이여! 나를 바라보는 저 붉은 얼굴의 꾸밈없음이여! 봄물살을 타고 오르는 물고기들의 몸짓이 저렇게 터질 것같이 싱싱하고 자유롭지 않던가. 저 환호

하는 모습, 저 모습은 사람이 자연임을 보여준다.

　이제 농사를 짓지 못하는 어머니와 함께 마당에서 풀을 뽑거나, 어머니 텃밭의 마늘밭을 맬 때 옆에서 옛날 아버지 이야기를 지금도 생생하게 하시는 어머니의 이야기 소리를 좋아한다. 논과 밭에서 일하며 싸우시던 이야기며, 아버지가 딴 여자를 보았을 때 이야기는 지금도 너무 생생해서 내가 열받을 때도 있다. 어머니의 삶은 꾸밈이 없고, 숨김이 없어 마늘처럼 깨끗하고 늘 생생하다.

　나는 내가 사는 시골집 마루에 모로 누워서 저문 강물을 바라보는 것을 좋아한다. 물은 언제나 그렇게 흐른다. 나는 평생 한결같이 흐르는 강물을 보며 살았다. 조용히, 끊임없이 나를 두고 강물은 흘러간다.

　나는 내 방문을 열어놓고 산을 바라보는 것을 좋아한다. 산은 늘 거기 있었다. 비가 오는 산, 눈이 오는 산, 나무들이 바람을 타는 산, 아침 산과 저문 산, 나는 해 질 때의 산을 제일 좋아한다. 해가 질 때 강가에 나가보면 산들이 조용히 강물에 얼굴을 씻고 있다. 아! 산이여, 저문 산이여, 저무는 강물에 얼굴을 씻는 산이여. 나는 그렇게 저문 산을 좋아한다.

　나는 나를 좋아한다. 아직도 사는 일이 서툴고, 철없고, 시와 예술과 농부들과 아이들을 사랑하는 나를, 나는 그중 제일 좋아한다.

저 풀꽃 앞과 뒤에 서 있는 당신

추운 겨울이 지나고 운동장가 여기저기 풀꽃들이 참 많이도 피어납니다. 땅바닥이 파릇파릇해서 가만히 쭈그려 앉아 들여다보면 모든 풀들이 다 꽃을 피워냅니다. 교실 처마 밑에 피어 있는 코딱지같이 작은 봄맞이꽃이며 광대살이꽃, 참말로 예쁜 시루나무꽃이며, 봄꽃들은 모두 작아서 더 눈부십니다. 꽁꽁 언 작은 몸으로 추운 겨울을 이겨내서겠지요. 곧 산에 언덕에 피어날 진달래꽃이며 산벚꽃이며 산복숭아꽃을 생각하며 나는 설렙니다.

피어나는 꽃들 앞에 서서 나는 당신을 생각한답니다. 어디를 가다가 좋은 것, 아름다운 것, 맛있는 것 들을 보면 나는 늘 당신이 먼저 떠오릅니다. 아, 저 꽃을 당신이랑 보면 더 아름다울 텐데, 야,

이 맛있는 음식을 당신이랑 꼭 한번 와서 먹어야지 하는 생각들이 앞서곤 한답니다. 시를 읽다가도 좋은 구절이 나오면 나는 늘 당신에게 먼저 시를 보여주곤 했지요. 내 삶의 제일 앞에 있는 당신.

실낱같은 봄비가 곱게도 내린 그 어느 봄날이었습니다. 나는 당신에게 내가 쓴 시를 전화로 읽어주었지요.

봄비 2

어제는 하루 종일 쉬지도 않고
고운 봄비가 내리는
아름다운 봄날이었습니다
막 돋아나는 풀잎 끝에 가 닿는 빗방울들,
풀잎들은 하루 종일 쉬지 않고 가만가만
파랗게 자라고
나는 당신의 살결같이 고운 빗줄기 곁을
조용조용 지나다녔습니다
이 세상에 맺힌 것들이 다 풀어지고
이 세상에 메마른 것들이 다 젖어서
보이지 않는 것이 하나도 없는
내 마음이 환한 하루였습니다. 어제는 정말

당신이 이 세상에서
가장 고운 당신이 가볍고 하얀 맨발로
하루 종일 지구 위를
가만가만 돌아다니고
내 마음에도 하루 종일 풀잎들이 소리도 없이 자랐답니다. 정말이지

어제는
옥색 실같이 고운 봄비가 하루 종일 가만가만 내린
아름다운 봄날이었습니다.

그날 집에 갔을 때 당신은 나를 똑바로 쳐다보지 못하고 있다가, 저녁밥을 먹은 후에야 그 글을 듣고 나서 엉엉 울었다며 또 고개 숙여 울었지요.
그리고 이틀 후에 나는 놀랍게도 당신 편지를 받았습니다.

당신께

당신이 사랑을 노래하는 시인이라는 게

오늘 더 행복합니다.
나도 어제, 내리는 봄비를 보며 당신을 생각했습니다.
늘 당신의 눈길이 머무는 강이며, 운동장이며, 풀꽃들이며
몇 안 되는 아이들의 얼굴이 떠오르기도 합니다.
저녁에 돌아와 아이들이 감기가 걸려
따뜻한 숙직실에 초이, 소희, 창우, 다희, 귀봉이 순서로
나란히 이불 속에 뉘어 한숨 재웠다는 당신,
당신이 서 있는 자리가
당신의 노래보다도, 이 세상 그 무엇보다도
더 아름답다는 걸 나는 압니다.
오월이 오면 우리 만난 지 십오 년이 됩니다.
십오 년을 하루처럼 내게 다정한 당신이지만
오늘 당신이 내게 불러준 사랑 노래는
이 봄, 나를 다시 태어나게 합니다.
당신이 나를 너무도 소중하게 여겨
나는 이 세상에 귀한 사람이 되었답니다.

_당신의 아내

어느 날 내가 왜 나랑 살기로 했느냐고 물었을 때 당신은 간단하게 말했지요. "그냥"이라고요. 그렇습니다. 그냥 좋은 게 사랑이지

요. 늘 그렇습니다만 사랑이 가장 아름다운 현실입니다. 나는 당신을 아내라기보다도 사람으로 늘 좋아하고 믿고 존경하고 사랑한답니다. 당신이 어느 날 내게 말했지요. 존경하지 않는 사람하고 어떻게 사냐고요. 내가 지금 잘 살고 있다면 다 당신의 덕입니다. 나는 당신에게 정성을 다하고 싶습니다. 저 풀꽃 앞과 뒤에 서 있는 당신.

아내의 고향 마을,
아내의 어린 날들

작년이었다. 아들 녀석이 겨울방학 숙제로 여행을 다녀와서 여행기를 써야 한다는 것이었다. 우리는 여러 군데를 놓고 고심하다가 아이들 엄마가 태어나서 초등학교까지 다녔던 고향에 가기로 했다. 아내는 너무 좋아라 했고 나와 아이들도 기뻤다. 신나는 하루 여행이 될 것이 확실했다.

우리는 차를 몰아 아내의 고향 마을인 무주군 부남면 굴암리를 향해 갔다. 굴암리에 가는 길에 아이들 외할머니의 고향에도 갔다. 거기 아내의 외삼촌이 아직 농사를 짓고 살기 때문이다. 우리는 그 마을의 교회에도 갔다. 아주 작은 교회였다. 너무나 작은 마을의 작은 교회여서 눈물이 나오려고 했다. 하느님이 계신다면 이 작은 농사꾼들의 교회에 계시지 않을까 생각했다.
 외삼촌을 뵙고 비포장도로를 달려 강을 건넜다. 아름답고 깨끗한 강이었다. 몇 개의 굽이를 돌며 아내는 자기가 살았고 아버지가 다녔다는 길들과 강변의 구석구석, 그리고 산 여기저기에 있었다는 논과 밭을 이야기하느라 여념이 없었다.
 먼저 마을 입구에 들어서자 시골 마을이면 어디나 있는 감나무, 밤나무, 뒷산 길의 느티나무들이 정다워 보였다. 아내는 눈시울을 붉히며 옛날의 논과 밭을 이야기했다.
 "저기 저 밭이 우리 밭이었단다. 저기 뒷산 고개 넘어 느티나무 지나 학교를 다녔당게."
 아내는 쉬지 않고 이야기했다. 아내가 살던 옛집은 없었고 빈 집터에 볏짚만이 쌓여 있었다. 마침 이웃집 사람이 아내를 어렴풋이 알아보아서 우리는 그 집에 들러 점심을 얻어먹었다.
 아내가 걸어다녔다는 학교까지의 길은 너무 먼 논밭길이었다. 참말로 너무 멀었다. 눈이 오고 비가 오고 풀꽃들이 피고 매운 강바람이 불 때도 책보를 메고 다녔을 아내의 조그만 모습이 생각나, 나는 자꾸 아내의 얼굴을 보았다. 먼 길을 지나, 아내의 조그마한 초등학교에 들러 우리는 몇 장의 기념사진을 찍었다.
 하루의 여행이었지만 나와 아이들과 아내에게는 아주 값진 여행이었다. 나는 아내가 보며 자랐을 느티나무며, 빨래하러 다녔던 강이며, 강가 미루나무며, 앞산 산등성이며, 아무튼 아내가 살던 옛 마을의 모든 것들을 보며 아내의 어릴 적 여러 모습들과 만났다.

아내는 우리 마을인 진메를 참 좋아한다. 그가 자란 곳과 비슷하기 때문일 것이다. 나도 아내의 마을에 있는 것들을 다 좋아한다. 아내가 거기 있는 모든 것들을 보고 자랐기 때문이다. 그해 겨울방학 때 나는 아내의 어린 날들을 만나 내내 행복했다.

아, 그리운 달빛으로 걷고 싶다

어디든 외지에 나갔다가 돌아올 때면 꼭 막차를 타고 집에 오곤 했다. 막차가 나를 작은 들 가운데에 있는 작은 정류소에 덜렁 내려놓고 가버리면 나는 어둠을 익히느라 한참을 서 있었다. 9시쯤 되었어도 산골 정류소의 작은 가게 주인은 문을 닫아버렸다. 한참을 서서 순창으로 가는 막차 뒤꽁무니의 빨간 불빛을 보며 나는 참 막막했다. 그리고 30여 분을 걸어 집에 갔다.

우리 집에 가려면, 작은 들을 지나고 작은 마을을 하나 지나야 했다. 달도 없는 캄캄한 밤엔 무서웠다. 어른들에게 들은 이야기들이 많았기 때문이다. 어디는 호랑이가 나와서 흙을 던진단다. 어디는 귀신이 나오는 곳이다. 샘이 있는 곳은 여우가 지키고 있단다. 그렇지만 그 누구도 진짜 호랑이나 여우를 만난 적은 없고, 더구나 귀신을 보았다는 사람을 나는 만나지 못했다.

그 길에 달이 뜨면 나는 달빛을 받으며 집에 갔다. 여름밤이면 작은 들에서 농부들이 달빛으로 보리타작을 하거나 삽자루를 들고 서로 자기 논에 물을 대려고 싸우기도 했다. 달빛에 반짝이는 삽날을 보았다. 벼들이 익어가는 가을들판의 적막한 아름다움과 곡식이 다 떠난 서리 낀 들녘의 고요함을 느끼며, 혹은 하얀 눈 위로 나온 언 보릿잎들을 바라보며 나는 늘 그 적막한 들판에서 내 생각들을 가다듬곤 했다. 아름다운 달빛이요, 아름다운 길이요, 정다운 마을들이요, 들녘이었다.

산중의 달은 사람들에게 각별하다. 보리가 익을 무렵 우리는 마을 앞 느티나무가 있는 보리밭에서 숨바꼭질을 했다. 어스름달이 뜬 봄밤, 밤이 깊은 줄 모르고 달빛 뒤에 몸을 숨기며 숨바꼭질을 하다보면 달이 어느덧 저만큼 가 있곤 했다. 여름밤 강변에 나가 잠을 잘 때도 달빛은 아름답고 고왔다. 달빛에 빛나던 강물과 산 능선과 달빛그늘 진 산으로 날아가는 개똥벌레들, 그리고 어쩌다 잠에서 깨어 바라보던 달빛 속에 잠든 아이들 모습은 지금 생각해도 아름다운 풍경들이다.

내가 사는 집 문은 모두 창호지 문이다. 어느 철이고 달이 떠서 그 달빛이 창문으로 새어들었다. 내 푸르던 청춘 시절 내가 제일 못 견

더했던 것은 창호지 문을 새어든 달빛과 소쩍새 울음이었다. 달이 밝으면 소쩍새는 더 못 견디게 울었고, 소쩍새가 울면 왠지 달이 더 밝았다.

달빛이 밝으면 나는 잠 못 들고 가만가만 집을 빠져나와 강변에 갔다. 강변엔 하얀 찔레꽃이 피어 있거나 쌀을 뿌려놓은 것처럼 토끼풀꽃이 만발해 있었다. 어떤 날엔 뒤척이며 일어나 달빛으로 시를 쓰기도 했다. 달빛 새어든 방에서 달빛으로 시를 쓴다는 것이 어찌 보면 아름답게 보이겠지만 그때는 정말 외로운 작업이었다. 그때 달빛은 나를 잠 못 들게 하고 나를 괴롭히는 빛이었다.

아버지는 달빛으로 많은 일을 하셨다. 봄밤에 달이 뜨면 작년 가을에 베어 말려놓은 풀을 논으로 져 나르셨고, 달이 뜰 때까지 보리를 베거나 보리타작을 하셨다. 달빛으로 쟁기질과 모내기를 하셨으며, 가을이면 밤이 깊을 때까지 초가지붕을 이을 나래를 엮으셨다. 어머니도 달빛으로 많은 일들을 하셨다. 달이 밝으면 달빛에 나앉아 삼을 삶으셨고, 여름밤 달이 뜨면 마당에 모깃불을 놓고 멍석 위에서 저녁 이슬에 젖은 빨래를 다리셨다. 모내기가 있는 날이면 달빛으로 김치를 담그셨고, 가을 바쁜 철이면 달빛 아래 벼를 훑거나 콩타작을 하셨다.

밤이 깊었는데 잠결에 무슨 소리가 나 깨어보면 어머니나 아버지가 꼭 달빛 아래에서 일을 하셨다. 달빛 속에서 가만가만 일하시는 어머니의 하얀 수건 쓴 모습이 너무 적막하고 슬퍼서 나는 말을 걸 수가 없었다. 달빛 아래 노란 짚으로 나래를 엮던 아버지의 모습은 이제는 볼 수 없는 아름다운 한 폭의 그림이 되어 내 머릿속에 남았다.

청년 시절 우리는 달이 뜨면 집에 가만히 있지 못하고 동네에서 상당히 떨어진, 술집이 있는 마을로 나가 술을 마셨다. 달이 훤한데 집에 가만히 있으면 몸이 근질근질해오고 무슨 일이 있을 것만 같았다. 우리는 아무 할 일이 없는데도, 누가 오라 하지 않는데도 달만 뜨면 밖으로 나가 무슨 일이든 벌였다. 감자를 캐다가 동네에서 멀리 떨어진 강가에서 삶아먹거나, 닭서리, 수박서리, 복숭아서리, 참외서리를 하든지, 하다못해 옥수수라도 꺾어다가 달빛 아래 불을 피우고 삶아먹었다. 달을 보고 왜 달이 저리 밝냐고 주먹질을 하고 욕을 하던 시절이었다.

아, 앞산에 둥글고 밝고 깨끗한 달이 불끈 솟아오르면 달빛 아래 드러나던 텃밭의 옥수수 잎이며 달빛에 죽고 사는 앞 강물의 반짝임, 그리고 달빛으로 일하시던 어머니와 아버지의 모습들. 적막한 들길에서의 내 발소리를 들으며, 끝없는 생각을 가져오던 그 달빛을 밟으며 천천히, 한가하게 걷고 싶다.

어디를 바라볼까

봄이 왔다.

산에도 들에도 강에도 우리 마음에도 봄이 왔다. 이렇게 햇살이 좋은 날 창가에 앉아 한없이 평화로운 앞산을 본다. 참 좋다. 산도, 물도, 운동장이 좁다고 뛰노는 아이들의 모습도 생기가 펄펄 넘친다. 자연의 힘이 넘치는 산과 들은 이제 푸르름과 화사한 봄꽃들로 사람들을 이끌어낼 것이다. 까닭 없이 기다림에 들뜨고, 누군가 나에게 올 것만 같고, 무엇인가 이루어질 것만 같아 설레는 이 봄날에 사람들은 꽃을 찾아, 산을 찾아, 강을 찾아 어디론가 달려가곤 했다.

그러나 이제 이 땅의 모든 산천은 성한 곳 하나 없이 제 모습을 잃었다. 상처받은 몸과 마음을 다스리고 달랠 곳을 우린 순식간에 흉하게 망가뜨려버렸다. 산속이든 강 언덕이든 경치 좋고 전망 좋은 곳이면 어디나 어김없이 파헤쳐 엄청나게 큰 콘도와 모텔과 음식점을 짓는다. 산과 강과 거기에 딸린 작은 마을들은 눈곱만치도 생각지 않고 무지막지하게 큰 집을 지어 작은 마을은 더 초라해지고 산과 강은 엉망으로 망가져버린다. 오죽 국토가 망가져 가슴이 아팠으면 어느 시인은 이제 고향에 가느니 향수로 사는 게 차라리 낫다고 했겠는가.

사람들은 꼬이는 곳에 더 꼬여들어 북적거리고 와글와글 아귀다툼을 벌인다. 깊은 산중의 온천 지역이나 절에 한번 가보라. 참으로 가관이다. 도시의 환락가 한 부분을 삽으로 뚝 떠서 갖다놓은 것같이 모텔과 노래방과 수많은 음식점들이 화려하다. 그 깊은 산중에 가서도 악을 쓰며 노래를 해야 하다니 창피하고 부끄러운 일이다. 한술 더 떠서 각 지방자치단체들은 조금만 특이한 곳이 있으면 별의별 유치한 이름을 붙여 먹고 놀자 축제를 벌여 문화비(?)를 허비하는 데 앞을 다툰다. 이 나라 산천 곳곳에 먹고 놀자판을 만들어 어떻게 하자는 것인가.

적막하고 조용하면 뭔가 불안하고 짬이 나면 심심하다. 뭔가 화끈해야 하고 숨가빠야 한다. 산천이 저리 험하게 망가져가니 사람들의 마음도 그렇게 험해져간다. 조용한 산사엘 가도 커다랗게 틀어놓은 불경 소리가 온 산을 쩌렁쩌렁 울려 마음이 혼란스럽기는 마찬가지다. 생각할수록 부아가 치밀 때가 한두 번이 아니다. 예부터 사람은 그 산천을 닮는다고 하지 않던가. 도대체 우린 언제 어디에서 한가하게 앉아 벗들과 인생을 걱정하고, 세상을 염려하며 자신을 들여다볼 수 있단 말인가. 어디 가서 강굽이의 유장함을 바라보고, 어느 산에 가서 시린 물에 발을 담그고 한때나마 세상사 시름을 잊을 것인가.

우리 사는 모든 곳이 엄숙하고 심각하기만 하다면 그 또한 숨막힐 일이지만, 이 땅 어디를 가도 아무 계획 없이 자연을 파괴해 지어진 유흥지들만이 보인다면 우리의 정신문화는 어디에서 숨을 쉬고 자랄 것이며, 무엇으로 그 꽃을 피울 것인가.

옛날, 이렇게 봄이 오는 봄산에 가서 나무를 하다 마을을 바라보면, 마을은 참 평화로워 보였다. 둥그스름한 초가지붕은 뒷산의 둥그스른 산 능선과 다정하게 어우러지고, 그 산 어디쯤 초라하게 묻힌 사람들의 무덤 또한 산의 모양처럼 둥그스름하게 서로 어우러져 있었다. 그건 평화였고, 생활을 안정감 있게 잡아주는 자연스러운 조화였다. 자연이 아름다운 것은 서로의 모습이 서로에게 방해가 되지 않기 때문일 것이다. 집을 하나 짓더라도 제발 말 없는 산천의 모습을 한 번쯤은 생각하고 지었으면 좋겠다.

아으, 저 단풍

　이 글을 쓰는 지금, 하늘은 눈이 시리게 푸르다 못해 조금만 오래 쳐다보고 있으면 어지러울 지경이다. 하늘이 이렇게 끝없이 깊고 맑은 날, 그 하늘 아래 사는 나는 까닭 없이 설레고 허전해 두 손을 맞잡는다. 무엇인가 잃어버린 것 같고 무슨 일인가 빼먹은 것만 같은데 내가 사는 이 산중은 지금 눈길 가는 곳마다 꽃이요, 단풍이다. 저것들이, 저 들꽃과 저 만산의 단풍 들이 가만히 있는 나를 이리 흔들어 너도 단풍 들어라 보챈다.
　이 가을에 어찌 저 들에 핀 들꽃들과 저 산의 단풍만 고우랴. 단풍은 이 땅의 농부들이 땀 흘려 가꾼 곡식들로부터 온다. 산골짜기 작은 논두렁에 구절초꽃 피면 산그늘 덮인 벼들은 가슴이 서늘하도록 샛노랗게 물이 들고, 노랗게 물드는 콩밭의 수수들은 붉게 물들며 고개를 숙인다. 이 땅에 잘 익어가는 작은 골짜기 논이 없고 저 너른 들의 황금벌판이 없다면 가을은 가을이 아닐 것이다. 그렇다면 저 만산의 홍엽들이 그 무슨 소용이 되겠는가.

가을은, 단풍은 그렇게 곡식들로부터 시작된다. 제일 처음 단풍 물이 드는 나무는 어느 날 아침 느닷없이 뻘겋게 나타나, 나 여기 있었소 하며 소리치는 뿔나무다. 저 혼자 낮술에 벌겋게 취한 뿔나무가 산에 나타나면 뒤이어 서서히 산이 물들어가고 감잎이 지며 붉은 감이 단풍이 되어 매달리고 마을 앞 아름드리 느티나무는 황금색으로 물들어 아침을 깜짝 놀라게 한다.

마을마다 커다란 은행나무가 있어 지는 햇살을 받아 노랗게 일어서서 앞산 뒷산에 단풍 다리를 놓는다. 만산에 가지가지 색색이 단풍물이 들면 산에, 강 언덕에 핀 억새꽃과 갈대꽃은 흰 손을 쫙 편다. 풀이란 풀과 나무란 나무들도 최선을 다해 꽃을 피우고 씨를 품는다.

하루가 다르게 변해가는 산의 모습을 보며, 창밖 오동나무 잎 부딪치는 소리를 듣는 이 가을에 외롭지 않고 쓸쓸하지 않은 인생이 어디 있으랴. 가을밤, 텅 빈 넓은 하늘에 뜬 달을 올려다보며 인생을 되돌아보지 않을 사람이 어디 있으랴. 바람이 불고 감잎이 마당에 뒹구는 소리에 잠자리를 뒤척이지 않을 사람이 이 세상에 어디 있으랴. 그렇게 뒤척이며 지샌 아침, 산은 어제보다 더욱 붉고 곱다. 가을은, 가을은 그렇게 깊어가면서 사람들과 함께 만산을 붉게 물들이는 것이다.

사람들이 불같이 활활 타오르는 단풍을 보러 단풍 구경을 간다. 내 맘도 저렇게 활활 태워보고 싶은 것이다. 그러나 아무리 곱고 예쁜 꽃도 아무리 불같이 타는 고운 단풍도 임이 없다면, 사랑하는 이가 없다면 그런 것들이 다 무슨 소용이 있으리오. 저 해 지는 서산마루 새하얀 억새와 단풍이, 저 아름답고 고운 골짜기가 다 무슨 소용이리오. 사람들아, 이 빛 좋고 단풍 고운 가을, 쓸쓸한 사람은 더욱 쓸쓸할 것이요, 그리워 애가 타는 사람은 그리움에 더욱 사무칠 일이다. 목메게 사랑을 찾는 사람은 저 붉게 물든 단풍나무 아래에서 사랑을 얻을 것이요, 사랑하는 사람은 사랑이 더욱 깊어질 것이다. 그러나 떠난 사랑에 우는 사람아, 한번 떠난 사랑은 이 가을 다시 오지 않으리.

그러고저러고 간에 왼 산에 단풍이여. 전라도 말로 단풍이랑게. 워매 어쩐다야 저 단풍, 참말로 혼자는 못 견디겠는디. 아으, 미치겠네, 저 단풍.

느티나무가 있는 가을풍경

 가을이 되면 이 세상 모든 풀과 나무는 꽃을 피우고 열매를 맺는다. 사람들은 우리 눈에 보이는 화려한 꽃만 꽃인 줄 알지만, 우리 산천에 자라는 풀과 나무를 보라. 꽃 피지 않고 열매 맺는 나무는 무화과나무 빼고는 한 가지도 없다. 가을들판에 자라는 모든 풀들을 가만히 들여다보라. 모든 풀들이 다 꽃을 피운다.
 사람들은 눈에 보이는 화려한 들국화로만 가을을 노래한다. 그러나 산자락이나 논두렁, 깊은 산골짜기에서 하얗게 피어나는 억새도 저문 산 아래선 꽃이다. 길가에 아무렇게나 자라는 '오요요' 강아지풀도 바로 꽃이다. 까만 머리카락 같은 털로 아침이슬을 잔뜩 달고 햇살을 비껴 받는 수크령은 그 얼마나 꽃다운가. 깊은 생각으로 고개 숙여 익어가는 벼도 꽃을 피운다.

> 꽃만 꽃인가. 가을이 되어
> 감은
> 뜨거운 햇살 속에서
> 깨어났다.
>
> _우리 반 귀봉이 동시

  이 동시에서처럼 아침안개 속에 주렁주렁 드러나는 붉은 감들도 꽃이며, 논두렁에 쓰러진 마른 풀잎에 맺힌 이슬에서 빛나는 햇살들과 물들어가는 저 만산의 홍엽도 다 꽃이다. 아침 들에 서서히 드러나는 저 느티나무는 들판의 중심이며 저 들을 가꾸어주는 꽃이다. 모든 사물의 중심이 꽃이 아니던가. 저 느티나무 아래서 사람들은 봄 여름 가을 겨울의 모든 일을 추렸다. 느티나무 아래에서의 모든 일과 놀이는 마을의 축제였다. 오늘날 자고 일어나면 벌어지는 저 수많은 '너그들만의 축제'와는 다른 신명 나는 일과 놀이의 축제가 저 느티나무 아래 피어나는 자운영꽃처럼 화려하게 펼쳐졌다.
  느티나무 아래로 소를 끌고 지나가는 아이, 쟁기를 지고 지나는 농부, 하얀 수건을 쓰고 머리에 붉은 감을 이고 가는 어머니, 아기를 업고 지나는 누이들. 비바람이 불면 온몸으로 들을 지키며 의연하게 서 있던 느티나무, 눈이 내리면 눈을 하얗게 다 맞고, 비가 오면 비를 다 맞는 느티나무, 그 느티나무가 지금 황금색으로 물들어가고 있다. 느티나무 아래로 찾아든 햇살 속에서 가을 강물과 그 강가에 하얗게 나부끼는 억새, 그리고 아직 덜 벤 논의 저 샛노란 벼들을 바라본다. 아, 저 나무에 환하게 피어나는 새 이파리가 꽃보다 아름답다고 생각한 적이 있다.

그런데 또 저렇게 황금색으로 물들어 저 들에 드러나는 저 느티나무 잎이 꽃임을 오늘 새로 알겠다. 봄 여름 가을 겨울을 늘 한결같이 들가에 서 있는 느티나무를 보면 한평생을 한 들에서 농사지으며 살아온 나이 든 농부를 바라보는 것처럼 마음이, 세상이 든든해진다. 저 들에서 만고풍상을 다 겪어냈을 저 든든한 나무에게 다가가 온몸을 기대고 내 인생과 세상의 희망을 모두 걸고 싶다.

사람들은 산과 들에 피어나는 꽃만 꽃인 줄 알지 사람들도 꽃이 될 수 있다는 것은 모르는 것 같다. 이 가을 아침, 안개 속에서 눈부시게 드러나는 저 들판의 느티나무 아래를 지나면 나도 꽃이다. 사람들아, 곧 잎이 다 진다. 잎이 지기 전에, 잎이 다 지기 전에……

산골짜기에서 만난 가을 논다랑이들

나는 여행을 많이 다녀보지 못했다. 내게 최초의 여행이 되었을 초등학교 수학여행은 내가 다닌 학교에서는 상상도 못할 일이었다. 아예 그런 일이 없었던 것이다.

중학교를 순창으로 갔는데 그게 최초로 집을 떠난 일이었다. 중학교 때도 웬일인지 수학여행을 가지 않았다. 나만 안 갔는지 모두 안 갔는지는 생각나지 않는다. 고등학교 때는 제주도로 졸업여행을 갔는데 나는 돈이 없어서 생각도 못할 일이었다. 지금도 생각나지만 수학여행을 가지 못한 것을 나는 속상해하거나 서운해하거나 약올라하지 않았다. 수학여행을 가지 않는 것은 아주 자연스럽고 당연한 일이었다.

초등학교 선생이 되어서도 나는 직원 단체여행을 극히 싫어했다. 떼로 몰려서 관광지를 다닌다는 게 여간 고역이 아니었다. 두어 번 따라가봤지만 재미가 없었고, 책 사 보는 데 돈이 없어 허덕이던 나는 교원친목회에서 다달이 적금 든 여행적립금을 찾아 그 돈으로 책을 사봤다.

언젠가 학교 동료들과 지리산을 간 적이 있는데 재미있었다. 그리고 몇 년 전에 보길도를 다녀온 것이 내가 선생 30년 동안 다닌 여행의 전부다. 나는 외국은커녕 그 좋다는 설악산도 동해안도 제주도도 여행을 목적으로 가보지 못했다. 그러니 내겐 여행길에서 생긴 재미있고 낭만적인 추억이 있을 리가 없다.

어느 해 가을이었다. 신경림 선생님과 『우리교육』 기자와 같이 지리산 피아골을 가게 되었다. 가을이 무르익기 전이라 아직 단풍이 시작되지도 않은 때였다. 우리는 해가 넘어갈 때쯤 차를 타고 골짜기를 올라갔다. 한참을 가다가 나는 한 경치에 거의 넋을 빼앗기고 말았다.

피아골 가는 길을 따라 한참을 가다보면 왼쪽으로 도랑물이 흐르는데, 그 도랑 건너 산중턱에 몇몇 집들이 있고 그 집 밑으로 발채만 한 논다랑이들이 층층이 도랑까지 이어져 마을 뒷산을 넘어온 햇살이 눈부시게 비끼고 있었다. 병충해 없는 찬물에서 자란 벼들이 병아리 노란색으로 익어가며 햇살에 눈이 시렸던 것이다. 그 마을로 올라가는 좁은 오솔길은 내게 길의 아름다움을 보여주었다.

우리는 연곡사를 지나 더 높은 곳으로 갔다. 어느 굽이를 도니 거기는 더 장관이었다. 층층이 작은 논다랑이들이 거의 산꼭대기까지 샛노랗게 익어가고 있었던 것이다. 나도 산중에서 평생을 살았지만 그렇게 눈부시게 황홀한 광경은 처음이었다. 그 골짜기의 논들은 하나같이 모두 작고 노란 것이 예뻤다. 나는 사진을 자꾸 찍었다. 지금도 눈 감으면 그 샛노란 논들이 공중에 붕 떠 있는 모습이 눈에 선하다.

나는 그후로 벼가 샛노랗게 익어가는 선선한 가을 주말이면 지리산 피아골을 꼭 찾았다. 해가 갈수록 벼를 내는 논이 산꼭대기에서부터 차례차례 줄어들더니 작년에는 내가 제일 좋아하는 그 작은 대숲 마을 아래 논들은 거의 콩을 심었다. 나는 해가 넘어가는 작년 가을, 그 마을 앞에 앉아서 도랑물부터 마을까지 이어진 오솔길을 오래오래 보고 있다가 왔다.

나는 요즘도 여행 가는 일에 대해서는 아무 매력을 느끼지 못하고 아무런 감흥도 일지 않는다. 하늘이 끝없이 높고 푸르러 햇살이 눈부시게 쏟아지는 가을날 해 질 녘이면 나는 나를 찾아온 여인들과 함께 우리 마을 근처의 산골마을이나 때가 맞으면 지리산 산골짜기를 찾아간다. 지는 해와 샛노란 벼와 서늘한 산그늘과 산그늘 속에 피어나는 새하얀 억새와 가지가지 가을풀꽃들과 아름다운 여인들의 감성이 늘 가을 첫 바람처럼 나를 설레게 한다.

  나는 그것이면 이 가을이 좋은 것이다. 어디를 가도 내게 이만한 기쁨과 행복을 가져다주진 못한다. 나는 이렇게 봄엔 봄대로 겨울이면 겨울대로 내가 사는 이 산골의 여러 가지 변화들을 사랑하고 소중하게 생각한다. 그저 저 산골짜기의 풍경들이 내게 최대의 풍경인 것이다.

  아무리 좋은 것을 보여준대도 나는 여기 이곳이 최고인 줄 알고 살겠다. 솔직히 말해 어디를 간들 내 삶에 무슨 뾰족한 수가 트이겠는가.

초겨울, 솔숲에서

   뒷산 솔숲에 솔잎들이 많이 떨어졌다. 솔잎도 단풍이 든다. 단풍 물든 솔잎들이 햇살을 받으며 황금실처럼 떨어진다. 떨어져 있는 솔잎에 서리가 내려 있다가 녹으면 솔잎들은 촉촉하게 젖는다. 솔이파리에 햇살이 지날 때나, 떨어진 솔잎에 하얗게 서리가 내려 있는 모습이나, 그 서리가 녹아 솔잎이 촉촉하게 젖어 있는 모습은 늘 눈이 시리게 아름답다. 솔잎도 쌓이면 세월이다. 눈이 시린 세월, 눈이 시린 사랑, 그리고 눈이 시린 이별.
   우린 그러한 것들을 오래전에 잃어버렸는지도 모른다. 진정한 사랑이 없는 삶, 진정한 이별이 없는 메마르고 건조한 삶은 삭막하고 그 얼마나 무의미한가. 사랑이 그러하듯 이별도 우린 예측하지 못한다. 다만 이 세상에 우리가 왔다가 어느 날 그냥 가버리듯 사랑도 그렇게 왔다가 간다.

사랑은 늘 준비도 예고도 없이 불꽃처럼 찾아오고, 이별의 아픔은 느리게 천천히 가슴에 아로새겨진다. 그러나 진정한 사랑은 이별에도 상처를 입지 않는다. 다만 오래 아플 뿐이다. 아름답지 않은 사랑은 거짓이므로 그 사랑은 필요 없는 괴로움이다. 아픔을 이기고 나면 크고 환한 사랑이 거기에 있다. 이 쓸쓸한 초겨울 바람 속에서 나는 솔바람 소리 속에서 그대의 숨결 소리를, 그대의 속삭임 소리를 듣는다.

푸른 솔잎 끝에서 이슬방울들이 햇살을 받으며 떨어지던 날들을 기억하는가. 새들이 날아오르던 아침과 보드라운 새잎들이 손등을 스치던 봄날을 기억하는가. 솔숲에 쏟아지던 여름날의 푸른 소낙비, 그리고 몇 날을 내리던 빗줄기를 기억하는가. 그 빗줄기 앞에 오래 서 있던 순간을 기억하는가. 이제 다 갔다. 푸른 솔잎에도 이제 서리가 내리고, 떨어져 쌓인 솔잎 위에 흰 눈이 축복처럼 내리리라.

사랑을 잃었다고 서러워 마라. 찬바람이 부는 빈 들녘 끝에 억새가 하얗게 나부낀다. 가라는 것인가 오라는 것인가. 갈 것인가 말 것인가. 그대의 흰 손. 깊어진 세월, 단순하고 담백한 날들. 다가가고 때로 돌아서야 할 사랑, 다 비워진 그대 가슴에 이는 따뜻한 삶의 온기, 그리워하라. 텅 빈 허공만이 꽃을 그린다. 사랑이 어찌 아프지 않으랴. 사랑하지 못한 사람들은 진정한 이별의 아름다움도 없다. 이별을 아름답게 그리지 못한 사람들은 진정한 사랑에 이르지 못한다.

서리가 깔린 이 벌판에서 진정한 사랑만이 사람의 따뜻한 온기를 갖는다. 사랑한다면 이별이 어찌 두려우랴. 사랑을 두려워하지 마라. 사랑은 인간과 세상을 얻는 일이므로, 사랑은 잃을 것이 없다. 솔숲에 바람이 인다. 오래오래 함께하고 싶은 사람이 생긴 사람들에게, 긴 이별 앞에 서 있는 사람들을 생각하며 찬 바람이 부는 초겨울, 나는 이 솔숲에 들어 사랑과 이별을 생각한다. 때로 삶은, 사랑과 이별은 그 얼마나 유치하고 단순한가.

사랑과 이별에 유치하라. 단순하라.

눈 오는 날 버스를 타고

눈이 많이 내리는 날은 내가 근무하는 초등학교까지 승용차로는 출근할 수 없어 버스를 타고 다녀야 한다. 버스도 많은 눈 때문에 제 시간에 다니는 것도 아니어서 다니는 둥 마는 둥 한다.

눈이 많이 오고 날씨까지 추운 어느 날, 아침 내내 오지 않는 버스를 기다리느라 정류소에 서서 많은 사람들을 천천히 구경하였다. 참으로 많은 사람들이 각양각색의 옷을 입고 온갖 얼굴과 표정으로, 온갖 몸짓과 걸음걸이로 눈 위를 걷고 있었다.

버스가 언제 온다는 기약이 없으므로 나는 느긋하게 서서 눈 위를 미끄러져 가는 온갖 모양의 차들도 자세히 바라보았다. 차는 참 신기했다. 어떻게 사람들은 저렇게 이상한 물건을 만들어 저리도 빨리빨리 순식간에 목적지에 간단 말인가. 하늘에서 송이송이 내려오는 눈은 또 그 얼마나 요상한가. 나는 눈 위에 서서 산이며 높은 집이며 나무며 새들이며 아무튼 이 세상에 존재하는 모든 것들에게 존재에 대한 경의를 표했다.

　버스가 왔다. 버스 안에는 학생, 어른, 처녀, 노인, 씩씩한 청년 등 온갖 사람들이 타고 있었다. 버스는 눈 위를 잘도 달린다. 하얀 눈을 가득 맞은 장엄한 모악산과 하얀 들판, 그리고 눈을 가득 쓴 산 위의 소나무 등 온갖 것들이 다 보였다. 찻길 멀리 있는 마을길이며 눈을 가득 쓴 정자며 경운기들도 보였다. 길가에 있는 집 마당에 쌓인 눈이랑 장독대에 소복소복 쌓인 눈이랑 툴방에까지 들이친 눈까지 다 보였다. 부지런도 하지 어떤 집은 벌써 마당의 눈을 다 쓸어놓았다. 길가에 있는 양계장 틈으로 닭들도 보였다. 양계장에 하얀 닭들이 가득 차 있는 것은 처음 보았다.

　어디만큼 가니 나이 든 어른들이 타셨다. 나는 얼른 일어나 할머니에게 자리를 양보했다. 마음이 괜히 즐거웠다. 어디만큼 가니 어떤 할머니가 많은 짐을 차에 실으며 운전사에게 지청구를 들었다. 어떤 젊은이가 얼른 짐을 받아 차에 실었다. 시골에는 모두 나이 든 분들만 사신다. 차에 탄 할아버지 할머니 들은 눈 이야기들을 거침없이 하신다. 그분들의 이야기가 싱그럽게 펄펄 살아 눈 위를 구른다.

입김이 하얗게 차창에 서린다. 어디만큼 가니 사람들이 다 내리고 차 안에는 나만 남았다. 운전사는 나더러 종점까지는 못 간다고 했다. 알았다고 했다. 나는 학교에서 3킬로미터쯤 떨어진 곳에서 내렸다. 참으로 환한 세상이었다.

나는 천천히 걸었다. 천천히 아주 천천히, 학교에서 조금 늦은들 대순가. 학교에 온 아이들은 지금쯤 선생이야 오든 말든 눈밭에서 눈싸움도 하고 눈사람도 만들며 정신이 없을 것이다. 오랜만에 나는 천천히 세상과 나를 생각하며 눈 위를 뽀드득뽀드득 걸었다. 아이들의 해맑은 소리가 들려왔다. 지나가는 차들이 태우려고 했지만 나는 일부러 외면하고 한참을 걸었다.

버스를 타고 싶다. 버스를 타고 많은 사람들과 어울려 흔들리며 가고 싶다. 어른들에게 자리도 양보하고 무거운 짐도 들어주고 버릇없는 아이들도 혼내고 운전사와 쌈도 하고 생전 처음 보는 옆 좌석의 사람과 이런저런 이야기도 하면서 밖의 풍경에 넋을 팔기도 하면서 차를, 버스를 타고 어디든 가고 싶다.

감나무
―아들에게

　오늘도 눈이 많이 왔구나.
　세상에 온통 눈이구나. 나무 위에도, 들에도, 지붕 위에도, 달리는 차 위에도 눈이구나.
　눈이 많이 내린 날 나는 빈 나뭇가지 위에 얹히고 쌓인 하얀 눈이 좋단다. 그것도 감나무에 쌓인 눈은 참 아름답단다. 감나무 가지가 다른 나뭇가지들보다 검은색이고, 또 작은 실가지까지 구불구불해서 그런 것 같다. 나는 감나무를 아주 좋아한다. 오늘 아침에도 감나무에 쌓인 눈을 보며 감나무에 대해 생각했단다. 그리고 너에게 감나무에 대해 편지를 쓰고 싶어졌단다.
　오늘 아침에는 내가 운전을 하지 않고 다른 분이 운전하는 차를 타고 출근을 해서 여기저기 눈 쌓인 산천 구경을 잘했단다. 햇살이 앞 유리창에 강하게 비치니 온몸이 나른해져서 아침부터 잠이 다 오더구나. 비몽사몽 양지쪽 닭처럼 꾸벅꾸벅 졸기도 했지. 그러다가도 눈이 부셔 눈을 번쩍 뜨면 눈 온 산천이 그림처럼 펼쳐지곤 했지. 그럴 때마다 아버지의 눈에 보이는 것은 밭가나 시골집 뒤에 있는 검은 감나무 가지에 조심조심 쌓인 흰 눈이었어.

감나무는 봄에도 예쁘단다. 막 솟아나는 어린아이의 치아같이 감나무 가지 끝에서 감잎이 피어나면 아, 감잎이 아침햇살과 지는 햇살을 받을 때 그 빛나는 연한 연두색 모습이라니, 마치 꽃이파리들처럼 환하게 빛이 난단다. 감나무는 전년에 뻗은 가지에서 새순이 길어 잎이 피고, 벚나무는 전년에 맺힌 꽃눈이 추운 겨울을 지나 봄이 오면 막 꽃이 피어나지. 복숭아나무, 살구나무, 매화나무 들도 전년에 맺힌 꽃눈이 겨울을 지나서 봄에 꽃을 피운단다. 잎보다 먼저 피는 꽃들은 다 그렇게 꽃눈으로 추운 겨울을 지내고 꽃이 핀단다. 잎보다 먼저 피는 꽃들은 그래서 더 꽃빛이 화사하고, 화려하단다.

감나무는 새 가지가 길어나면서 잎이 피기 시작해서 점점 가지가 길어지며 잎이 무성해진단다. 아기 치아만하던 감잎이 점점 커져 어린 붕어만할 때도 지는 햇살과 뜨는 햇살 속에 감나무는 황홀할 만큼 아름답단다. 황금색이지. 나는 지금도 내가 지나다니는 길가의 감나무 모습들을 다 기억하지. 어디 가면 어떤 감나무가 있고, 어디쯤 가면 어떤 감나무가 어떤 모습으로 서 있고, 어디는 세 그루가 나란히 서서 내 눈길을 사로잡고, 어디에 있는 감나무는 홀로 아름답고, 감잎이 하도 예쁘면 나는 엄마랑 같이 이 골짜기 저 골짜기 내가 그동안 보아두었던 감나무들을 구경 다닌단다. 아니, 동네 가까운 골짜기에는 다 감나무가 있고, 감나무는 크거나 어리거나 다 예쁘단다. 우리가 국수를 잘 사먹는 운암대교 건너 비탈길을 내려오면 호숫가에 밭들이 보이는데, 그 밭의 키 작은 감나무들이 문득 눈 안에 들어온단다. 그 모습이 얼마나 어여쁜지, 나 혼자 어쩔 줄을 몰랐단다.

감잎이 두꺼워지고 짙은 녹색이 되어 햇살이 감잎을 통과하지 못하면 감나무에는 감꽃이 피지. 감꽃은 참 예쁘지만 나는 감꽃에 대해 쓴 많은 시들을 읽고 그리 감동하지 못했단다. 서정주 시인도 감꽃에 대해 시를 썼고, 김준태 시인도 감꽃에 대해 시를 썼어. 두 시인의 시 중에서 김준태 시인의 시가 더 리얼하단다.

감꽃

김준태

어릴 적엔 떨어지는 감꽃을 셌지

전쟁 통엔 죽은 병사들의 머리를 세고
지금은 엄지에 침 발라 돈을 세지
그런데 먼 훗날엔 무엇을 셀까 몰라

　감나무는 여러 종류가 있지. 요즘은 남도 쪽에 겨울에도 먹는 단감이 있지만 우리 동네에는 단감이 되지 않는단다. 우리 동네는 진짜 토종인 먹감이 많지. 먹감은 아주 흔한 감인데 감이 붉게 익으면 감 한쪽에 먹빛이 난단다. 그래서 농부들이 먹감이라고 했을 거야. 우리 고장에서 곶감은 주로 먹감으로 깎는단다. 먹감 말고 똘감이 있지. 똘감은 무지 떫어서 서리를 맞아야 먹는단다. 똘감은 야생에 가까운 감이야. 집 근처보다 사람들이 돌보기 힘든 산에 많지.
　감 중에 수수감이 있는데, 수수감은 우리 동네에 몇 그루뿐이란다. 감에서 나오는 물이 한없이 달고, 감 또한 보드라워서 어렸을 때 설사가 나면 어머니들이 이 수수감으로 설사를 달랬어. 수수감은 고급 감이어서 비싸게 팔렸지. 우리 집 뒤에 큰 수수감나무가 있었단다. 할머니께서 새벽 샘물을 긷는 길에 주워 오시곤 했어. 귀한 감이었지. 그 외에도 고동시라는 감이 있고, 접시감이란 것도 있지만 모두 귀한 것이고, 우리 동네에서는 잘 자라지 않았단다. 감나무는 고욤나무를 길러 접을 붙여 감나무로 키운단다. 아버지가 한때 시골에서 농사를 지을 요량으로 고욤나무를 재배한 적이 있었는데 금방 그만두었단다. 지금도 그 고욤나무가 앞산 우리 밭가에 있단다. 그 뒤로 감값이 똥값이 되더니, 이제 아예 겨울이 와도 감 딸 생각을 안 하지. 따지 않은 감이 불쌍하구나.

감꽃이 지면 작은 감이 감꽃에 싸여 열린단다. 마치 깨금처럼 말이야. 감이 점점 크면 감받침은 떨어지고 감이 커가지. 그때 그 푸르딩딩한 감을 우리는 땡감이라고 불렀지. 사람들은 느닷없는 죽음을 앞에 두고, "땡감도 떨어지고, 익은 감도 떨어진다"고 하며 인생의 덧없음과 허망함을 말하기도 하지.

감이 점점 익으면 여름이 다가오고, 벌레 먹은 감이 일찍 홍시가 되기 시작하면 가을이 온단다. 감잎에 단풍물이 들면 가을은 깊어지지. 두꺼운 감잎의 단풍물은 유난히 짙은 먹핏빛이란다. 벌레들이 감잎에 달려들어도 감잎을 다 갉아먹지 못하지. 벌레 먹은 감잎 자국은 노인들의 몸에 피는 검버섯 같아.

감잎은 일찍 진단다. 두꺼운 감잎이 마당에 떨어져 말라 뒹구는 소리는 풀벌레 울음소리와 함께 가을밤을 더욱 쓸쓸하고 외롭게 하지. 서리가 내리면 감잎은 우수수 다 지고, 이제 감나무에는 감만 붉게 남는단다.

옛날에는 감을 따서 곶감을 깎았단다. 감을 가마니로 몇 가마씩 따다가 방에 부어놓고 동네 사람들이 다 모여 감을 깎았단다. 호롱불이 일렁이는 불빛 아래 붉은 감빛은 대단했지. 그 아름다운 풍경을 화가들이 왜 그리지 않았는지 참 안타깝구나. 어머니들이 한 개의 감을 다 깎을 때까지 감껍질이 길게 이어지곤 했어. 그 감껍질을 모아 말려 겨울밤에 먹었지. 감을 깎으면 아버지는 감을 꼬챙이에 꿰고, 나는 말랑말랑하게 익은 홍시를 추려 먹었어. 감을 어찌나 많이 먹었던지, 아침이면 똥이 나오지 않아 꼬챙이로 똥을 파낸 적도 있었단다.

그렇게 감이 감나무를 다 떠나고, 농부들은 감나무마다 몇 개씩 감을 남겨놓았지. 김남주라는 시인은 감나무에 몇 개씩 감을 따지 않고 남겨둔 농부의 마음을 '조선의 마음'이라고 했단다.

옛 마을을 지나며

김남주

찬 서리
나무 끝을 날으는 까치를 위해
홍시 하나 남겨둘 줄 아는
조선의 마음이여.

그 감나무에 몇 개씩 남은 감을 우리는 보리 갈 때 돌을 던져 따 먹기도 하고, 겨울새들이 그 감을 쪼아먹기도 했단다. 농부들은 눈이 많이 오는 겨울날의 새들을 생각한 거야. 몸에 하얀색과 까만색을 가지고 있는 까치가 겨울 빈 가지에 앉아 몇 개 남은 홍시를 쪼아 먹으며 꼬리를 까부는 모습은 참으로 정겨워 보인단다. 선운사 경내에 가면 두 그루의 감나무가 있어. 그 감은 겨울에도 따지 않는단다. 새들이 날아와 따먹게 그러나보더라.

 이제 감나무에는 아무것도 달린 것이 없어. 까만 감나무 가지만 남은 거지. 감 가지는 유난히 까맣단다. 감 가지들은 다른 나무와 다르게 구불구불하지. 어떻게 보면 귀티가 나고, 어떻게 보면 서민적이고, 또 어떻게 보면 고고해 보이고, 또 어떻게 보면 한없이 자기를 낮추는 듯 보인단다. 이 나라 그 어느 곳을 가든 흔하면서도 그 모양이 철철이 아름다운 나무.

 겨울바람이 씽씽 불어도 감나무는 그리 흔들리지 않아. 겨울 감나무에 지는 햇살이 찾아들면 감나무는 실가지 끝까지 금실처럼 빛이 난단다. 금빛 그 자세가 고고해 보이는 것이야. 감나무는 검은색이어도 속은 하얗단다. 뚝 부러지기를 잘하지만 쩨쩨하게 살이 찢어져 너덜너덜한 밤나무나 다른 나무들하고는 다르지. 나는 망설임 없이 깨끗하게 툭 부러질 줄 아는 감나무의 성질과 그 하얀 속살이 좋단다. 툭 부러진다고 해서 감나무가 무른 것은 아니란다. 감나무는 아주 단단한 성질을 가지고 있어. 그래서 옛날부터 떡살이나 방망이 감으로 쓰였지. 지금 우리 집에 있는 떡살이나 방망이도 다 감나무란다. 오래 쓸수록 헌것이 되어갈수록 감나무 방망이는 더욱더 단단하고 빛이 나지.

지금은 사람들이 감과 감나무를 우습게 생각하고 버린 자식 취급을 하지. 서리 맞은 감을 따서 지붕 위에 모아두었다가 추운 겨울 내려 먹던 것이 생각나는구나.

오늘 아침 하얀 눈을 쓰고 있는 따지 않은 감을 보며 아버지는 우리나라 농촌에 살고 있는 가난한 농부들을 생각했단다. 추운 눈을 쓰고 있는 감의 신세가 우리나라 농부들의 신세와 같아서 가슴이 아팠단다.

해가 지는구나. 이 글을 쓰다가 아버지는 학교 뒤란에 있는 감나무를 보고 왔단다. 왠지 한번 보고 와서 글을 마무리 지어야 할 것 같아서였어. 나뭇가지들은 추운 겨울 아무것도 가려주는 것이 없는 허공 속에서 지내지. 그리고 견딘단다. 실바람만 불어도 금방 부러질 것 같은 작고 여린 가지들. 그 속에 세상을 살리는 생명이 있어. 얼어도 죽지 않는 무섭도록 아름다운 푸른 생명 말이야. 그리고 겨울을 나고 나무들은 아름다운 꽃과 향기로 세상을 아름답게 수놓는단다.

살을 엘 것 같은 추운 겨울, 눈보라 치는 캄캄한 밤, 추운 허공에서 자기 생명을 지키는 나뭇가지들의 위대함을 생각하기 바란다.

산그늘이 세상을 덮는다.

춥다.

민세, 건강하게 잘 지내거라. 안녕.

2003년 1월 6일
해 지는 학교에서 아버지 씀

봄눈

 멀쩡하던 날이 금세 구름이 끼더니 먼 산에서 하얗게 눈송이들이 몰려온다. 한 송이 두 송이 날리던 눈송이들이 금세 우우 산과 들과 나무와 강을 덮어버린다. 눈은 엄청나게 쏟아지지만 이 세상 그 어디에도 쌓이는 눈은 없다.
 봄눈이다.
 나는 교실 창가에 의자를 놓고 편하게 앉아 내리는 눈송이들을 하염없이 바라본다. 솜송이 같은 눈은 참 아름답고 곱다. 하얀 눈송이들이 어찌나 많이 내려오는지 몇 발 앞이 희뿌연하다. 땅에 떨어지자마자 녹아버리는 눈, 나뭇가지에 닿자마자 사라지는 눈, 운동장 아이들 발자국에 떨어지는 눈, 허공에서 잠시 머뭇거리다가 사라지는 눈, 솔잎 위에 가만가만 떨어지는 눈을 바라보다가 창문을 열고 손을 가만히 내미니, 눈송이들이 달려와 내 손바닥에 살포시 앉더니 금방 차게 울어버린다. 눈은 오되 땅 어디에도 눈은 없다.

눈이 오면 먼 산이 하얀 눈을 배경으로 희미하게 그러나 산의 윤곽선은 확연하게 드러난다. 나무들의 모습도 하얀 눈을 배경으로 아름답게 그려진다. 나는 눈 속에 그려지는 나무의 모습이 좋다. 나무의 앞과 뒤와 위와 옆에도 눈이 오므로, 나무는 제 모습을 희미하게 나에게 그려주는 것이다.

바람 없이 오는 겨울눈은 나뭇가지나 나무 몸뚱이에 하얗게 쌓이지만 봄눈은 나무 그 어디에도 쌓이지 못한다. 내가 학교 오가는 길 논두렁에 커다란 참나무가 한 그루 있는데, 눈이 오면 그 참나무는 눈을 하얗게 받아들고 서 있다. 흰 눈을 가지마다 가득 안은 나무는 잘난 사람처럼 의연하고 신비스럽다.

그렇게 많이 내리던 눈이 금방 뚝 그치더니, 날이 멀쩡해져버린다. 무엇엔가 홀린 것 같고 세상이 꿈같다. 오래오래 기다리던 사랑하는 연인이 왔다가 금방 가버린 것처럼, 아름답고 달콤한 사랑에 빠졌다가 나온 것처럼 눈 오던 모습이 아련하고 아쉬워진다. 사방 어디에도 눈은 없다. 거짓말 같다. 먼 산 응달진 곳에만 잔설처럼 하얗게 눈이 보인다. 봄빛이 아련한 산속의 흰 잔설은 세상을 애잔하게 한다.

눈이 그치고 해가 나자 나는 밖에 나가 운동장가를 괜히 서성거린다. 내 인생도 아마 이렇게 눈 깜짝할 사이이리. 금방 왔다가 흔적도 없이 사라져버리는 봄눈 같은 것이 인생이리.

교실 처마 밑에 풀들이 벌써 돋아나 파란색을 찾아간다. 그 파란색 풀 속을 가만히 들여다보니 보라색 풀꽃이 오불오불 피어 있다. 시루나물꽃이다. 그렇구나, 저 작은 꽃빛으로 눈송이들이 그렇게 허공에서 사라져버렸구나.

그래, 그래, 저 꽃빛에 사라진 꿈같은 봄눈이었어.

딱새, 살구, 흰 구름, 아이들, 나

오늘 날씨가 참 좋다. 하늘에는 오랜만에 뭉게구름이 피어올랐다. 뭉게구름을 본 지도 참 오래된 것 같다. 햇살이 맑아서 앞산이 오랜만에 훤히 들여다보인다.

학교 교실 창가에 앉아 운동장을 바라본다. 아이들이 투명한 햇살이 쏟아진 운동장에서 공을 따라 신나게 뛰어논다. 아이들은 뜨겁지도, 덥지도 않은가보다. 아이들은 늘 저렇게 정신이 없이 논다. 아이들이 공을 따라다니는 것을 오래 바라보다가 강 건넛마을을 바라본다.

밭에는 고추들이 무성하게 자라고 있다. 아직 아무것도 갈지 않은 밭의 흙은 빨갛다. 황토색 땅은 늘 우리에게 무엇인가 아득함을 준다. 어느 해였던가, 김제 만경 뻘건 황토밭에 파란 무들이 자라는 모습을 보았는데, 그 대비되는 붉은색과 파란색을 지금도 잊을 수 없다.

봄날 마을에 하얗게 피었던 살구나무에는 살구가 노랗게 달렸겠지. 뒷산 밭가에 심은 매실은 벌써 땄겠지. 사람들은 익기 전의 매실이 몸에 좋다고 매실이 노랗게 익기도 전에 모두 따버린다.

산 위로 하얀 구름이 둥둥 떠가고, 구름 사이로 보이는 하늘은 파랗다. 파란 하늘을 바라보는 것은 즐거운 일이다. 하늘이 파란 것은 우리 삶이 아직 저렇게 맑다는 증거도 되리라. 아이들 소리가 낭랑하게 들린다. 아이들 떠드는 소리 속에 벌써 매미 우는 소리가 들린다. 벌써 매미가 나왔는가. '참, 세월이 빠르기도 하지' 하며 창틀에 턱을 고이고 편안하게 밖을 바라보는데 어디선가 귀에 익은 새소리가 희미하게 들린다. "딱새다!" 나는 혼자 큰 소리로 외친다. 어? 그때였다. 작은 딱새 한 마리가 작은 살구나무 가지 사이로 포로롱 날아온다. 살구 몇 개가 노랗게 익어 있다. 살구가 너무 높은 데 있어서 아이들이 다 따먹지 못한 살구다. 살구나무 작은 가지에 날아와 앉은 새를 가만히 보니, 딱새 새끼다.

지난봄 딱새 부부가 이층 지붕 아래 홈통에 집을 짓다가 어디로 가버렸는데, 학교 어디에선가 다시 집을 짓고 새끼를 깐 모양이다. 호기심 많은 아이들의 수많은 눈을 피해 새들이 학교에서 집을 짓고, 알을 낳고, 새끼를 기른다는 것은 참으로 힘든 일이다. 조금 있으니, 새끼딱새들이 살구나무로 포롱포롱 날아든다. 새끼딱새들은 암놈도 있고, 수놈도 있다. 암놈은 암놈대로 수놈은 수놈대로 앙증맞게 예쁘다.

새 이파리 같은 몸으로 새들은 날아다닌다. 얼마나 가벼운가. 나는 일이 얼마나 아름다운가. 새끼딱새들이 금방 대여섯 마리 모였다. 그때 큰 딱새가 날아온다. 어미새다. 어미새가 날아와 가지에 앉아 울다 다른 나무로 날아가니까 새끼들도 한 마리, 두 마리 어미새를 따라 날아간다. 풋살구색을 가진 새끼딱새들이 나는 것을 바라보는 내 얼굴이 행복해 보일 거라는 생각으로 나는 행복하다. 내 얼굴에는 아마 세상에서 제일 평화롭고 아름다운 미소가 그려져 있겠지.

딱새들은 이 나무에서 저 나무로 날아다닌다. 그렇구나! 딱새들이 날기 연습을 하는구나. 딱새들이 다시 키가 작은 단풍나무 사이로 날아간다. 단풍나무 작은 이파리들이 흔들린다. 단풍잎이 부딪치는 소리가 오소소 들리는 것 같다. 단풍나무 실가지에 앉아 딱새들은 해맑은 소리로 운다. 세상에 나와 몇 번 울지 않은 그 해맑은 울음소리가 내 귓가를 맴돈다.

하얀 구름이 흘러간다. 하늘에서 구름이 만든 그늘이 산에 떨어져 산을 가리고 있다. 시원한 바람이 불어온다. 햇살이 살구나무 잎에 떨어져 반짝반짝 빛난다. 바람이 불면 살구나무 잎에 반짝이는 햇살이 땅으로 우수수 떨어질 것 같다. 어디선가 뻐꾹새도 울고, 꾀꼬리도 운다. 산은 푸르고 날은 맑다.

 이런 날 나는 마음이 새털처럼 가볍다. 나도 저 딱새들처럼 살구나무 사이를 날아다니고 싶다. 나는 세상에 늘 새로 눈뜨는 첫 눈이고 싶다.

찔레꽃 핀 섬진강에 엎드려 씁니다

　수선스러운 봄날이 가고 연두색에서 초록으로 건너간 산천은 지금 첫아이를 낳고 산후조리를 끝낸 성숙한 여인의 몸놀림처럼 한결 여유로워 보입니다. 모를 내기 위해 물을 잡아놓은 논에 그 산이 내려와 물속에 잠겨 있습니다. 내가 사는 섬진강 강변에는 찔레꽃이 지금 한창입니다. 모를 심다가 찔레꽃 곁에 앉아 못밥을 먹으며 찔레꽃 덤불을 보곤 했지요. 나라의 큰 잔치가 끝났습니다. 이제 새로운 마음으로 우리의 삶을 뒤돌아보고 들여다보고 바라볼 때입니다. 국민들이 가리키는 곳이 어디인지 간담이 서늘하게 확인하였으니 틀어진 생각을 고쳐 그들의 뜻에 어김이 없으면 됩니다.
　지금 대한민국의 모든 하천과 강물은 몸살을 앓고 있습니다. 모든 강과 하천을 정비하는 붉은 포클레인들이 강바닥과 강변을 긁고 파헤치고 있습니다. 강의 정비가 강물의 흐름을 방해하는 것들을 제거함으로써 강물이 자연스럽게 흐르도록 도와서 물이 맑아지도록 하는 것이어야지, 강을 뜯어고쳐 물의 흐름을 사람 마음대로 조정하겠다는 것은 위험천만한 생각이 아닐 수 없습니다. 수술을 통해 우리 몸속을 흐르는 핏줄을 끊고 잘라 임의대로 잇겠다는 것처럼 위험한 생각입니다. 자연을 파괴하는 것 중 대표적인 것이 인위적으로 물길을 이리저리 돌리고 막는 것입니다. 물이 가는 길을 헤아려주어야지요. 물론 손을 댈 곳도 있습니다. 자연과 함께 살다보면 사람들이 산 흔적이 안 날 리 없습니다. 그러나 말 없는 물이기에 그들의 길을 자세히 살펴 그들의 흐름을 존중해주어야 합니다.

이 세상 어딘가에서 태어난 물방울들이 모여서 물줄기가 되고 그 물들이 모여 작은 옹달샘이 됩니다. 환경을 파괴하는 것은 작은 샘으로 가는 실낱같이 가느다란 물줄기들을 생각해주지 않고 함부로 자르고 끊는 것입니다. 이리저리 땅속에서 길을 찾아 흐르던 물줄기들이 샘으로 가서 넘치고 흐르면 도랑물이 되겠지요. 도랑물이 모여서 시내가 되고, 시내가 모여서 강으로 가고, 강물이 바다로 가는데, 그 물줄기들을 사람 마음대로 끊고 자르고 돌리고 막는다면 언젠가는 강물이 제 길을 찾느라고 큰일을 낼 것입니다.

강물이 살아 있다는 것은 강물이 스스로 자기를 정화할 수 있는 자정능력이 있다는 말입니다. 사람들 몸속에 핏줄기들이 돌고 돌며 피를 스스로 정화하는 곳이 있듯이 강물도 스스로 자기를 정화할 수 있는 생태적인 요소와 요지 들을 두루 갖추고 있습니다. 강물의 흐름에서 중요한 것 중 하나는 강굽이입니다. 굽이치며 부서지는 강물은 언제 보아도 아름답습니다. 살아 있기 때문입니다. 강물이 흐르다가 굽이에 부딪치면 멈칫 뒤로 물러섰다가 휘돌아 갑니다. 그러면서 쉽니다. 쉬면서 자기가 가지고 온 오염물질을 강바닥에 가라앉히지요. 그러면 다슬기와 물고기 들이 그 때를 먹어치웁니다. 강기슭은 또 들쭉날쭉, 움푹진푹 해야 합니다. 그래야 물이 그곳으로 들어가 쉬고 놉니다. 강바닥은 깊은 곳 얕은 곳, 돌과 바위와 모래와 자갈과 나무뿌리와 풀뿌리 들이 얽히고설켜 있어야 합니다. 물은 흐르면서 크고 작은 바위와 돌과 자갈 위를 흘러가고 돌아가며 물의 속도가 저절로 조정되고 그러면서 물때를 바위나 돌에 붙여놓고 갑니다. 그래야 고기들이 바위나 자갈 속에 살며 돌에 붙은 때를 먹고 자랍니다. 강길에는 또 물이 부서지는 곳이 있어야 합니다. 강물을 따라가다보면 물살이 빠르게 흐르며 하얗게 부서지는 곳들이 많습니다. 물이 그런 곳들을 지나면서 부서지고, 부서지면서 공중에 있는 산소를 보듬고 흘러가지요. 물이 숨을 쉰다는 뜻입니다. 깊은 계곡의 물들이 맑은 이유에는 여러 가지 요소들이 작용하겠지만, 무엇보다 물이 부서지는 곳이 많기 때문입니다. 물이 높은 곳에서 떨어지면서 그 힘으로 또 땅을 깊이 팝니다. 그러면 그곳의 땅이 패어서 웅덩이와 소沼가 되지요. 강물은 그 웅덩이와 소에서 쉽니다. 쉬면서 자기가 가지고 온 물때를 강바닥에 내려놓지요. 그러면 또 다슬기나 물때를 좋아하는 고기들이 그것을 먹어치웁니다. 다슬기는 강물에 없어서는 안 될 중요한 청소부지요. 다슬기가 사람 몸에 좋다고 하니, 사람들이 다슬기를 싹쓸이해버립니다. 잔인하지요. 강물의 때가 너무 많아 다슬기들이 죽어가고 있는데다 사람들이 다슬기를 싹쓸이해버리니, 강물의 죽음은 불을 보듯 뻔합니다. 사람들이 사는 세상의 이치나 강물이 흐르는 구조나 그 이치가 같습니다. 사람들이 숨가쁘게 살아온 삶을 쉬면서 흐트러진 숨을 고르고 정리하여 새 힘을 얻어 새로운 세상으로 나가듯, 강물도 그렇게 하도록 해야 합니다. 강물이 일직선으로 쉬지 않고 흐르기만 하면 안 되는 이유가 여기에 있습니다. 사람들이 강물이나 하천을 다듬고 일직선으로 다듬어버리면 강물이 쉬는 곳을 죽이는 것이 됩니다.

　강둑을 쌓으면 안 되는 곳이 있습니다. 비가 많이 와서 강물이 불어나면 강물이 범람해야 합니다. 그게 자연의 순리요 이치입니다. 강물이 범람해야 불어난 물의 양과 흐름을 스스로 조절합니다. 강물이 범람하는 곳을 다 막아버리면 강은 물의 양을 스스로 통제하지 못합니다. 일직선으로 강둑을 쌓고, 강기슭과 강바닥을 정리해 강물이 범람해야 할 곳과 강물의 흐름을 조절하는 곳들을 모두 제거하고 막아버리면 강물이 제힘을 스스로 주체할 수 없어서 그 어딘가를 들이받아 허물게 됩니다. 그러면 맨땅이 허물어지는 무서운 일이 벌어지지요. 비가 와서 불어난 큰물이 범람할 곳을 잃고 그 힘이 모여 흘러가면 물살이 거세지지요. 그렇게 갑자기 불어난 물이 바다로 일시에 몰려들기 때문에 바다가 그 양을 다 흡수하지 못합니다. 미처 바다로 들어가지 못한 강물은 벅차올라 어딘가로 범람을 하겠지요. 자연의 충격은 무섭습니다. 봐주는 게 없습니다. 용서가 없지요. 그 자연의 힘을 어떻게 다듬어주느냐가 치산치수의 근본이 되어야 합니다.

강물은 과학의 힘으로만 해석하거나 다루거나 분석할 수 없습니다. 순간순간 무궁무진 변화무쌍하지요. 모든 생명체가 그러하듯, 생명체들은 매 순간 새로운 생명을 탄생시키고 창조해냅니다. 사람들의 생각으로는 해석하고 분석하고 규명할 수 없는 강물의 흐름을 사람들이 마음대로 할 수 없습니다. 우리 인간들이 온갖 지혜를 다 동원한다 해도 풀잎에 이는 바람 한 줄기를 제대로 다 안다고 장담할 수 없습니다. 저기 밭두렁에 피어 있는 씀바귀꽃 한 송이, 강변의 잔디와 그 끝에 맺힌 이슬방울 하나, 강물을 헤엄치는 피라미 한 마리, 하늘을 가고 있는 낮달, 그들이 주고받는 알 수 없는 사랑을 우리가 안다고 말할 수 없습니다. 그 생태의 고리를 우리 마음대로 할 수 없습니다.

　옛날 우리 동네 앞강에 놓인 징검돌이 큰물에 한두 개 떠내려가기도 했지요. 그러면 동네 사람들이 마을 정자나무 아래에서 자연스럽게 논의를 한 후에 울력을 통해 징검돌을 바르게 놓았습니다. 동네일을 할 때는 늘 의견이 분분했습니다. 몇 날 며칠 싸움이 벌어지기도 했습니다. 그러나 동네 사람들은 늘 마음이 합쳐졌지요. 일을 하면 사람들이 그 일로 마음을 합치고 힘을 합쳤습니다. 모든 국가적인 사업들을 왜 이렇게 일방적으로 서두르는지 모르겠습니다. 특히 4대강 사업이 그렇습니다. 수천 년 흐르면서 만들어놓은 그들만의 생태적인 활동무대를 2, 3년 동안에 부수고 강제로 뜯어고친다면 다시는 되돌릴 수 없는 엄청난 일이 벌어질 수 있을 겁니다. 분명한 것은 지금 우리의 강이 죽어 있고, 죽어가고 있다는 사실입니다. 나는 이 강을 어떻게든 살려내야 한다고 봅니다. 사람들이 강물을 죽여놓았으니, 사람만이 살릴 수 있습니다. 아주 간단합니다. 강물이 죽게 된 과정을 거슬러 올라가면 됩니다. 강물의 오염원을 찾아 차단하고 강물이 본래대로 흐르도록 도와주면 됩니다.

　이 나라 어디를 가든 우리의 눈길이 편안하게 쉴 곳이 없습니다. 마구 파헤쳐진 땅을 보면 겁이 나고 눈물이 납니다. 말 없는 산이요 물이라고 너무 잔인하게 자연을 죽입니다. 강 언덕에 수백 년 동안 서 있는 나무 한 그루, 휘어져 돌아가는 시냇물 굽이 하나 우리는 제대로 관리하지 못하고 있습니다. 아름다운 곳은 다 파헤쳐지고 엄청나게 큰 축조물이나 건축물 들이 오만하게 들어서서 산천의 균형을 망가뜨립니다. 자연을 읽고 생각하는 지극한 마음으로 절정을 아껴가며 있는 듯 없는 듯 집을 짓던 선조들의 지혜는 사라졌습니다. 몇 해 전 강원도에 물난리가 났을 때 도로들이 많이 유실되었습니다. 그때 그곳에 오래 살던 농부가 물난리로 허물어진 도로를 보며 이렇게 말했습니다.

"저 허물어진 길이 옛날에 물이 흐르던 길이었어."

우리는 지금 생명을 가진 자연을 파괴하는 동시에 고귀한 인간성을 파괴하고 있다는 속 깊은 뜻이 숨겨져 있는 이 농부의 말을 귀담아들어야 합니다.

평생을 강가에서 강물을 따라 걸으며 아이들을 가르치고 시를 쓰고 삶이 자연이었던 농부들 곁에서 살았습니다. 내게는 그게 복이고 행운이었지요. 그러나 이제 나는 이곳에 사는 것이 고통이 되었습니다. 사람들이 아니, 나라를 관리하는 사람들이 나서서 마구잡이로 국토를 유린합니다. 자연은 피를 흘리고 나는 눈물 납니다. 괴롭습니다. 고통스럽습니다. 사람의 마음은 되돌릴 수 있습니다. 그러나 한번 어긋나고 부서진 자연은 되돌리기 어렵습니다. 나는 평생 내 욕심으로 누군가를 탓하고 나무라고 욕한 적이 없습니다. 나는 나를 위해서 바라는 것도 되려고 하는 것도 없습니다. 나는 그냥 한 그루의 나무처럼 강가에서 강물을 보며 살았습니다. 달이 뜨고 비가 오고 눈이 내리는 강물을 보며 행복하게 살았지요.

이 나라를 관리하는 모든 분들께 눈물로 호소합니다. 제발 그렇게 원수야 악수야 싸우지들만 말고 머리를 맞대고 앉아 화기애애하게 의견을 나누며 서로 손잡고 환하게 웃는 모습도 보여주세요. 시대 정서와 상황에 맞지 않은 이념 공세와 과장되고 억지스러운 반대논리들, 정치적인 상식과 도를 넘어선 턱없는 편견과 **뻔뻔한** 아집, 인간적인 도리를 벗어난 악담과 치졸한 험담, 자리와 지위의 권위를 망각한 처신과 언행들, 독선과 오기로 가득 찬 이런 어른들의 경직된 모습을 보다가 땅을 차고 뛰노는 아이들을 보면 이 나라에 사는 것이 부끄러울 때가 있습니다.

강물이 맑으면 우리의 삶이 맑고, 강물이 흐리면 우리의 삶이 그러합니다. 명심해야 합니다. 강물의 흐름이나 민심의 흐름은 같습니다. 이번 선거를 통해 우리 국민들이 표를 던진 칸은 당도 인물도 낡고 구태의연한 공약도 유치한 구호도 아니고 정의와 진실의 칸이었습니다.

해가 지면 저문 강물을 차고 오르는 하얀 물고기들의 흰 몸이 보였습니다. 강물을 차고 뛰어오르거나 떨어질 때 차르륵차르륵 서늘한 물소리가 들렸습니다. 소나기가 강물을 딛고 건너오는 소리 같았습니다. 그 강물을 따라 흐르며 꽃과 나무와 새와 아이들을 노래하고 싶습니다. 그런 평화를, 그런 자유를 나에게 주십시오. 어제 모내기를 끝낸 농부가 오늘 신새벽 논을 둘러보며 물꼬를 돌보고, 넘어진 모를 세우고 빠진 곳에 다시 모를 심는 그 심정으로 우리의 산천을 다시 한번 둘러볼 때입니다. 마침 현명한 우리 국민들이 좋은 기회를 주었습니다. 이 기회에 4대강과 세종시 문제를 비롯한 국가 현안들을 허심탄회하게 논의하시길 간절히 바랍니다. 그리하여 우리 국민 모두가 감동하고 기뻐하며 손뼉 치고 춤출 그런 날을 만들어주십시오.

꽃이 피는 그 산 아래 나는 서 있네

내가 사는 진메 마을은 지금 나 혼자 감당할 수 없을 만큼 꽃사태가 났다. 하루가 다르게, 시간시간이 다르게 꽃들이 피어나 나를 깜짝깜짝 놀라게 한다. 자고 일어나 보면 느닷없이 앞산이 훤하게 산벚꽃이 피어 있고, 길을 가다가 뒤돌아보면 눈길 가는 곳에 봄맞이꽃, 제비꽃, 금창초꽃, 현호색이 피어 있다.

봄맞이꽃 앞에 앉아 희고 작은 꽃잎을 들여다본다. 어쩌면 이토록 작은 것들이 이렇게나 예쁘게 꽃을 피울 수 있을까. 그 추운 겨울 꽁꽁 언 땅속에서 얼어 죽지 않고 살아 이 여린 꽃을 피우다니 장하기도 하지. 다시 일어나 걷다 뒤돌아보면 어느새 노란 꽃다지꽃이 봄바람 속에 종종종 따라온다. 앞산엔 어느새 산벚꽃 따라 복숭아꽃이 붉게 피어나고 밭둔덕엔 조팝꽃이 하얗게 무더기로 여기저기 피어난다. 곧 자운영 붉은 꽃이 푸른 풀밭 속에 피어나 저문 물에 붉게 어리리라.

응달진 산에 진달래꽃이 질 때쯤이면 밤마다 소쩍새가 운다. 아주 먼 데서 희미하게 울다가, 서서히 그리고 천천히 마을 뒷산에 와서 울다가, 마침내는 마을 앞 느티나무 푸른 잎 속에 찾아와 잠들지 말라고 나를 보채며 밤새워 울 것이다. 그런 밤 나는 달빛을 받으며 강변에 가리라. 달빛을 가만가만 밟으며 강변과 강물에 떨어지는 달빛에 취해 어지러워 느티나무 달그림자 안에 들리라. 소쩍새 소리를 따라다니며, 물소리를 따라다니며 봄밤의 적막을 견디리라.

방에 들어도 창호지 문을 통해 방 안으로 새어든 달빛은 내 잠자리를 뒤척이게 하고 오래오래 잠 못 들게 하리라. 밤은 깊어가고 나는 일어나 앉아 소쩍새 소리를 들으며 이 세상 모든 것들을 생각하리라. 지나간 내 삶과 살고 있는 내 삶과 남은 내 삶을.

동네 가운데에 있는 삼쇠 어르신 집에 똘배나무 똘배꽃이 하얗게 피고 응녕이네 빈 집터 샘물에 앵두꽃잎이 둥둥 뜨면 사람들은 못자리를 하러 논으로 간다. 소를 몰고 경운기를 탈탈거리며 오늘은 한수 형님네, 내일은 종길이 아저씨네, 모레는 용택이네 못자리를 동네 사람들이 다 같이 모여 하리라. 그리고 또 고추 거름도 내고, 옥수수도 심고, 오이랑 호박도 심고 텃밭에 마늘밭도 매리라.

그러다보면 앞산 뒷산에 오동꽃이 피어 저문 산그림자 속에 서늘하며, 참나무 잎이 우거지고 때동나무 때동꽃과 산딸나무 산딸꽃, 그리고 이팝꽃이 피어나리라. 그러면 어느새 강변은 푸른 풀밭이 되어 그 풀밭 속에 쌀을 뿌린 듯 토끼풀꽃도 피었다 지리라. 강물에 발을 씻고 맨발로 풀밭을 걸으면 서늘한 풀잎들이 내 지친 발을 식히리.

지금 나는 산그늘 내린 강변에 산과 함께 서 있다. 산벚꽃이 바람에 눈처럼 내린다. 몇십 년을 바라보아도 질리지 않는 앞산, 나 태어났을 때, 저 산이 저기 저렇게 있었고 지금도 저렇게 저기 있으며 나 죽은 후에도 저 산은 저기 저렇게 있으리라. 한 번도 내게 무슨 말을 한 적은 없지만 나에게 세상을 가르쳐준 산, 저 산. 이날까지 바라보았지만 한 번도 싫지 않았던 산. 지금 나는 그 산 아래 서서 저문 강으로 하얗게 날아오는 산벚꽃 그 꽃이파리들을 바라보고 있다.

김용택의 섬진강 이야기 8
꽃이 피는 그 산 아래 나는 서 있네
ⓒ김용택 2013

초판 인쇄 | 2013년 1월 11일
초판 발행 | 2013년 1월 18일

지은이 김용택
펴낸이 강병선
책임편집 이연실 | 편집 주상아 | 독자모니터 정성은
디자인 엄혜리 이주영 | 마케팅 우영희 나해진 김은지
온라인마케팅 김희숙 김상만 이원주 한수진
제작 서동관 김애진 임현식 | 제작처 영신사

펴낸곳 (주)문학동네
출판등록 1993년 10월 22일 제406-2003-000045호
주소 413-756 경기도 파주시 문발동 파주출판도시 513-8
전자우편 editor@munhak.com | 대표전화 031)955-8888 | 팩스 031)955-8855
문의전화 031)955-2660(마케팅) 031)955-2651(편집)
문학동네카페 http://cafe.naver.com/mhdn | 트위터 @munhakdongne

ISBN 978-89-546-2036-9 04810
　　　978-89-546-2028-4 04810 (세트)

* 이 책의 판권은 지은이와 문학동네에 있습니다.
　이 책 내용의 전부 또는 일부를 재사용하려면 반드시 양측의 서면 동의를 받아야 합니다.
* 이 도서의 국립중앙도서관 출판시도서목록(CIP)은 e-CIP 홈페이지(http://www.nl.go.kr/
　ecip)와 국가자료공동목록 시스템(http://www.nl.go.kr/kolisnet)에서 이용하실 수 있습니다.
　(CIP제어번호: CIP2013000069)

www.munhak.com